Understanding Schemas in Young Children:
Again! Again! (New Edition)

认识婴幼儿的游戏图式
——图式背后的秘密
（第二版）

[英] Stella Louis，Clare Beswick，Sally Featherstone 等 著

张晖 范忆 时萍 译

中国轻工业出版社

图书在版编目（CIP）数据

认识婴幼儿的游戏图式：图式背后的秘密：第2版／（英）斯特拉·路易斯（Stella Louis），（英）克莱尔·贝斯威克（Clare Beswick），（英）萨莉·费瑟斯通（Sally Featherstone）等著；张晖，范忆，时萍译. —北京：中国轻工业出版社，2019.12（2024.3重印）

ISBN 978-7-5184-2547-1

Ⅰ.①认… Ⅱ.①斯… ②克… ③萨… ④张… ⑤范… ⑥时… Ⅲ.①学前教育-教学研究 Ⅳ.①G612

中国版本图书馆CIP数据核字（2019）第125743号

版权声明

Copyright 2013 © Bloomsbury Publishing PLc.
Written by Stella Louis, Sally Featherstone. With additional material by Liz Magraw, Lisa Hayes, Clare Beswick. Edited and revised by Sally Featherstone.
This translation is published by arrangement with Bloomsbury Publishing Plc.
All rights reserved. No part of this publication may be reproduced or transmitted in any form or by any means, electronic or mechanical, including photocopying, recording, or any information storage or retrieval system, without prior permission in writing from the publishers.

责任编辑：王慧超　张天怡　　责任终审：张乃柬
策划编辑：高　君　　　　　　责任校对：刘志颖　　责任监印：吴维斌

出版发行：中国轻工业出版社（北京鲁谷东街5号，邮编：100040）
印　　刷：三河市双升印务有限公司
经　　销：各地新华书店
版　　次：2024年3月第1版第6次印刷
开　　本：710×1000　1/16　印张：9.75
字　　数：70千字
书　　号：ISBN 978-7-5184-2547-1　定价：48.00元
读者热线：010-65181109
发行电话：010-85119832　　010-85119912
网　　址：http://www.chlip.com.cn　　http://www.wqedu.com
电子信箱：1012305542@qq.com
版权所有　侵权必究
如发现图书残缺请拨打读者热线联系调换
240277Y1C106ZYW

译 者 序

在幼儿教育领域学习、工作三十多年后,我再次接触到"图式"(Schema)这个词,是在2014年与大学同学范忆重逢的时候。她在1988年毕业于华东师范大学,获硕士学位并留校任教,于1996年移民新西兰。近二十年来,她在新西兰皇家橡树幼托中心(Royal Oak Childcare and Learning Centers)担任管理者。在聊起她工作的幼托中心的课程时,她说到了儿童游戏中的"图式"这个词,并与我们分享了她和同事在1—5岁孩子的游戏中观察到的大量的"图式"行为。他们把儿童游戏中的图式行为理论作为其幼托中心课程的理论基础之一,对观察到的图式行为进行解读,并依据儿童发展的需要,通过为儿童创设适宜的环境来支持儿童在游戏中的学习与发展。新西兰是一个移民国家,范忆通过其幼托中心的孩子看到,世界上无论哪个种族、民族的孩子,其发展规律都是一致的,孩子们在游戏中表现出的图式行为和规律也是一致的,尽管每个孩子有着个体差异。这本书帮助其幼托中心的教师和家长充分认识到幼儿游戏中的图式行为,内容通俗易懂,理论与实践紧密结合,非常实用。

通读本书后,我们在国内的幼儿园开始尝试用研究的视角观察幼儿游戏中的图式行为。开始时有些令人失望,因为我们很难在国内幼儿园的孩子游戏中观察到图式行为。我最早观察到的孩子的图式行为是亲戚家不到两岁的双胞胎表现出来的,他们围着柱子兜圈圈跑,笑容灿烂,乐此不疲,尽管还有些跌跌跄跄,但这就是旋转图式。对于这样危险的奔跑,中国家长一般都会制止,但这对双胞胎的父亲是德国人，他并没有制止孩子这样兜圈圈的追逐游戏。此时我忽然意识到，图式行为在游戏中的发生是有条件的，即只能在孩子自发游戏时才能出现。当孩子的活动、游戏由成人发起（时间、地点、内容、材料、玩法由成人决定）时，孩子的图式行为则难以出现。"旋转图式强烈地影响着儿童的感知运动和行为，这可以从他们所有的主动学习和游戏中观察到。"（见本书第5章）近几年，随着贯彻实施教育部2001年颁布的《幼儿园教育指导纲要（试行）》和2012年颁布的《3—6岁儿童学习与发展指南》，幼儿园课程改革逐渐深入，幼儿教育的理念转变了，幼儿在课程中有了自由、自主、愉悦、创造的机会和表现，我们可以观察到大量的幼儿图式行为。

现在的教育理念已转变为"从儿童出发"和"以儿童为本"，课程从文本教材转向儿童。但是，对于教育过程中的儿童的关注，大都聚焦在儿童当下的经验、兴趣以及发展的年龄特点上。大部分幼儿教育理论工作者和幼儿园教师并没有意识到，幼儿游戏中的图式行为对幼儿发展的重要性和意义。我们进一步观察后发现，大家普遍认为的一些很有效的教学策略或指导策略，实际上却在阻止和扼杀孩子的图式行为。例如，幼儿开始涂鸦时，我们称其为绘画，小班幼儿画到最后，可能就是一幅被颜料涂满的画，但教师会在他涂满之前，赶快"抢救"这个作品，否则就无法展示了。其实，这是幼儿表现出的"包裹"图式。再如，小班幼儿搭积木时，总是反复地搭建围起来的空间。许多幼儿园教师在分析反思时，认为幼儿的围合是低水平的搭建行为，因此总是想办法促进幼儿获得更高水平的积木建构能力，搭出更复杂的建构物。其实，幼儿在一段时间内不断地重复某种动作是有其心理学意义的。"我们经常可以观察到婴幼儿的许多重复动作……这种重复动作帮助婴幼儿在大脑中建立内部的认知结构——图式，图式有助于婴幼儿对他们正在做的事情进行意义建构。"（见本书第1章）本书针对"如何把教育工作建立在观察幼儿图式行为的基础之上"这一话题，给出了积极的建议和切实可行的策略。

这本书在理论和实践两个方面对帮助幼儿教育工作者充分认识儿童,认识儿童的心理发展规律,认识儿童的学习方式都具有指导作用,对当下我国幼儿园课程改革及教育质量的提升也具有重要意义。非常有幸,当我把这本书推荐给中国轻工业出版社万千教育编辑部的高君编辑后,万千教育以最快的速度决定翻译出版它。正如书中所言,"图式已被认为是儿童成长和学习的重要组成部分。因此,理解图式发展背后的理论是每位早期教育工作者的重要职责。"(见本书第 2 章)"重要的是,我们要认识到,婴幼儿的游戏不是随机或随意地发生的,而是有方法、有系统、有逻辑地在与他人、材料及环境的互动中,通过感知和运动收集信息。认识和理解图式,有助于教育工作者支持和挑战儿童的思维、想法和发展中的概念。当教育工作者认识并认可图式化的游戏模式时,他们就可以与婴幼儿的思维同步,真正地对孩子正在做的事情感兴趣,为婴幼儿提供支持,帮助他们明确想法(概念),进而提出开放性问题。"(见本书第 1 章)

这本书使用通俗易懂的语言厘清了自瑞士心理学家皮亚杰(Piaget)首次提出儿童心理发展认知结构概念"思维图式"或"动作图式"以来,后人关于"图式"的研究脉络,及其在教育实践中的发展,尤其是介绍了英国的克里斯·阿西(Chris Athey)在 1972 年的研究,她将皮亚杰的理论落实到了实践之中。"皮亚杰最先界定了图式的概念,但阿西是第一个在保育场景中观察婴幼儿图式行为的人。阿西根据皮亚杰的阶段水平理论观察幼儿,对幼儿如何获得知识进行了深入的研究。"(见本书第 2 章)关于婴幼儿图式的研究成果,在英国的早期教育领域中得到了广泛的关注,并被应用于实践。自 2012 年起,《儿童早期基础阶段》(Early Years Foundation Stage,缩写为 EYFS)中融入了图式发展理论,强调了重复的游戏模式在改变婴幼儿对周围世界的理解方面的重要性。《儿童早期基础阶段》指出,教师的工作需要建立在儿童的图式游戏模式的基础上。"（见本书第2章）本书还从实践出发，图文并茂地探讨了婴幼儿在游戏中表现出来的八种图式——轨迹、旋转、围合、包裹、搬运、连接、定位和定向，并用大量的案例帮助幼教工作者学会如何从婴幼儿的行为中观察和辨识游戏中的图式，尤其是如何依据婴幼儿表现出的图式来提供资源和活动，如何与家长合作，从而支持和促进婴幼儿的学习与发展。无论是对幼儿教师、0—3岁早教机构的从业者，还是婴幼儿家长，本书都具有现实意义。

本书由张晖、范忆和时萍翻译，第1章由三人共同翻译，第2、3、4、6、7、8、9、10章由张晖翻译，第5章由范忆翻译。时萍和范忆审校，最后由张晖统稿。

感谢新西兰皇家橡树幼托中心的小朋友和老师，以及南京市中华路幼儿园的小朋友，为本书提供了照片。尤其要感谢范忆女士基于长期的研究，从她所工作的新西兰皇家橡树幼托中心精心挑选了这些照片，以原汁原味地反映婴幼儿游戏中的图式行为，帮助读者更好地理解本书的内容。

张晖

2019年7月

前　　言

斯特拉·路易斯（Stella Louis）是英国伦敦南华克区的早期教育咨询师和培训师。1991年，她在幼儿园当保育员时，曾听过蒂娜·布鲁斯（Tina Bruce）关于积木游戏的讲座。在这个讲座上，斯特拉第一次得知"图式"，知道可以把它作为一种工具，为婴幼儿的学习和发展制订计划，观察婴幼儿的学习和发展并提供支持。当她看到自己的孩子汉娜-路易斯（Hannah-Louise）的探索行为和从中获得的发展时，图式让她着迷。2002年，斯特拉获得了幼儿教育硕士学位。本书的导言部分基于斯特拉的研究，她的研究成果是本书的主要内容。

莉兹·马格劳（Liz Magraw）和莉萨·海斯（Lisa Hayes）在英国诺丁汉的梅里韦尔幼儿园（Merryvale Nursery School）一起工作，并基于对图式游戏的观察为一名或多名幼儿计划进一步的活动内容。尽管梅里韦尔幼儿园有着良好的运作方式和悠久的优质保教历史，但2008年，政府在重新评估后，关闭了这家幼儿园。

克莱尔·贝斯威克（Clare Beswick）是一名早期教育作家和培训师，她有着长期的早期儿童教育工作经验，尤其是针对3岁以下有特殊需要的儿童。她的专业知识支持了她的儿童教育工作及家长工作。克莱尔曾在早期教育杂志上发表文章，且著有《婴儿》(*Little Baby Books*)、《婴儿与超越》(*Baby and Beyond*)、《艰难的日子》(*Tough Times*) 和《小册子，大学问》(*Little Books*) 等系列丛书。她与斯特拉、莉兹和莉萨合作编写了本书，并经过研究确定了教师可以用来支持图式游戏的资源和器材。

　　萨莉·费瑟斯通（Sally Featherstone）是一名长期对孩子的学习感兴趣的教育顾问、培训师和作家。她编辑本书，并做了一些文字上的补充。

目　录

导　　言 ··· 1
第 1 章　什么是图式 ····························· 5
第 2 章　图式理论 ······························· 11
第 3 章　修订版《儿童早期基础阶段》和《发展很重要》
　　　　 中的图式游戏 ························ 27
第 4 章　图式在婴幼儿游戏和学习中的发展 ······ 35
第 5 章　支持婴幼儿的图式游戏 ················ 51
第 6 章　不止一种图式 ························· 99
第 7 章　观察、倾听和记录 ··················· 107
第 8 章　用图式做计划的实践案例 ············· 117
第 9 章　计划与观察时间表的使用案例 ········· 133
第 10 章　与其他教育者和机构合作 ············ 137
参考文献 ······································ 141

导　　言

本书介绍了婴幼儿的图式游戏，主要目的是帮助早期教育工作者识别和理解什么是图式，儿童为什么要参与图式游戏，以及如何使用图式做计划和支持儿童的学习。使用《儿童早期基础阶段》的早期教育工作者、儿童发展专业的学生、家庭教育指导者、早期教育培训师和管理者，都将从本书中获益。

通过大量的研究工作，人们已经认识到儿童是通过游戏来学习的，并重视这一学习过程。在早期儿童发展领域，许多伟大的思想家已经探索了儿童的重复游戏模式，知道儿童会运用重复的游戏模式将其经验转化为知识和理解世界的技能。本书旨在支持教师在外部附加的持续推进课程的压力下，满足个别儿童对重复游戏的需要，因为对儿童而言，重复是其学习过程中必不可少的经历。

通过阅读此书，读者将了解图式概念背后的理论概述，图式对优质早期教育实践的影响，以及一些当下引发我们思考的研究。这种历史视角与图式在《儿童早期基础阶段实践指南》（Practitioner Guidance for the Early Years Foundation Stage）中的地位息息相关。

本书呈现了最常见的幼儿图式行为，并对每种图式行为进行阐述且配有插图。同时，对如何使用观察到的图式来制订教育计划、提供相应的教育资源提出了建议。

本书定义并详细讨论了以下八种图式：

- 轨迹（trajectory）

- 定向（orientation）
- 连接（connection）
- 旋转（rotation）
- 围合（enclosing）
- 包裹（enveloping）
- 定位（positioning）
- 搬运（transporting）

  本书也探究了图式群，以及早期教育工作者如何通过识别图式群来促进儿童的发展。此版增加了新的章节，涉及图式水平问题及其与《有效学习的特征》（Characteristics of Effective Learning）、修订版的《发展很重要》（Development Matters）之间的关系。对图式的实例解读源于对婴幼儿的观察，这些实例是教师在婴幼儿的活动中观察图式的发生和发展时所记录的。本书还论述了象征性游戏的意义和重要性，以及幼儿如何通过自发、主动的互动和活动来表达他们的思想、想法和感受。

  有关资源的部分以八个已识别的图式为基础，聚焦于儿童游戏中的重复模式，并结合教师观察的内容来评估儿童的学习与发展。这些资源为早期教育工作者提供了专业的建议，鼓励他们参与儿童的图式活动，并在《儿童早期基础阶段实践指南》所提出的学习经验范围内为儿童提供适宜的、具有挑战性的活动。

  第7章关注的是教育工作者在观察和记录儿童学习与发展中的作用，并指出《儿童早期基础阶段实践指南》中所描述的在儿童各个发展阶段需要注意的问题。早期教育工作者还可以学习如何使用观察来逐步勾勒有关儿童成长与进步的精确画面，以及如何与儿童及其父母分享这些收获。

  第8章描述了一所幼儿园将图式游戏纳入观察工作中，并以此为一名或多名幼儿做活动计划的做法。第 9 章的案例研究描述了这一过程，以及制订计划的实例。

第 10 章就如何向家长和婴幼儿教育工作者解释图式提供了实用的建议，并描述了让父母作为婴幼儿教育工作者的合作伙伴和共同研究者来一起识别和理解幼儿图式行为的策略。

第 1 章

什么是图式

"图式"一词通常用来描述重复的行为模式,这些模式在婴幼儿的游戏和探索活动中显现出来,是婴幼儿探究和表达他们发展中的想法和思考的方式。本章讨论什么是图式,以及图式如何促进婴幼儿的学习。

我们经常可以观察到婴幼儿的许多重复动作,例如一遍又一遍地从高脚儿童椅、婴儿床或婴儿车上往下扔东西,这种重复动作帮助婴幼儿在大脑中建立内部的认知结构——图式,图式有助于婴幼儿对他们正在做的事情进行意义建构。早期教育工作者通过观察婴幼儿游戏中的图式,可以理解他们正在探索的想法和概念。

就学习而言,仅有行动是不够的,为了理解眼前的世界,婴幼儿必须与环境进行深入的互动。

——戴维·韦卡特(David Weikart)

《儿童早期基础阶段》强调了游戏和图式在婴幼儿学习与发展中的重要性。它提倡动手操作和以游戏为基础,这源于教育学理论及相关实证研究的结果。在这些研究中，婴幼儿被视为通过游戏进行学习的积极学习者。

当婴儿和学步儿四处运动时，我们可以观察到，他们频繁地探索特定的思维模式和动作模式，例如进进出出、搬来搬去或不断地旋转。他们的游戏中蕴含着潜在的逻辑。那些看起来古怪的甚至有些恶作剧的游戏，也能让我们发现其中存在的图式。

——朱莉娅·曼宁-莫顿和玛吉·索普
（Julia Manning-Morton & Maggie Thorp）

婴幼儿不断地尝试着理解他们周围的世界，他们通过游戏、探索和重复的图式行为，将现有的知识、理解和经验融入新的情境中。婴幼儿基于已知的经验去解决问题、尝试错误、做出决定和选择，这种来自亲身实践的学习是最好的学习。

重要的是，我们要认识到，婴幼儿的游戏不是随机或随意地发生的，而是有方法、有系统、有逻辑地在与他人、材料及环境的互动中，通过感知和运动收集信息。认识和理解图式，有助于教育工作者支持和挑战儿童的思维、想法和发展中的概念。当教育工作者认识并认可图式化的游戏模式时，他们就可以与婴幼儿的思维同步，真正地对孩子正在做的事情感兴趣，为婴幼儿提供支持，帮助他们明确想法（概念），进而提出开放性的问题。

《儿童早期基础阶段》为早期教育工作者提供了一个重要的、有意义的"图式"定义：

图式是儿童重复的行为模式。婴幼儿经常有重复某些动作的强烈的内驱力，比如把东西从一个地方搬到另一个地方、把东西盖起来、把东西放进容器里、绕圈，或扔东西。我们经常可以在婴幼儿的游戏中观察到这些模式,而且这些模式在孩子之间可能存在个体差异。如果教育工作者能够以此为基础开展教育工作,那么婴幼儿的高效学习就会发生。

——《儿童早期基础阶段》术语表

图式具有生物学特性,我们生来就有使用和形成图式的能力和欲望,它们对婴幼儿的学习和发展至关重要。婴幼儿的图式受他们的基因及他们关于人、物的经验的影响。17个月大的孩子抓住光滑的物体也许是一种反射行为,比如抓一个冰块。但随着动作的重复,他们的心理地图和认知结构中关于冰的经验就会发生微妙的变化,变得更有目的、更成熟、更丰富。婴儿每一次玩弄冰块,即重温其已有的图式时,都会对冰块有更深入的认知。

也许最重要的顺应,或者说知识的进步,是指认知的两个独立面之间形成了新的互相协调的关系。

——克里斯·阿西

图式具有社会文化特性。我们接触的人、早年的生活经历、生活环境、文化和行为准则、个人成长和身体发育都会影响我们的学习和发展。

大脑如何发育取决于你与生俱来的基因和你所拥有的经历之间的复杂的相互作用。

——里马·肖尔(Rima Shore)

尽管婴幼儿可能不会一直表现出图式行为或使用图式,但仍可以在他们探索世界,以及与世界的互动中看到图式。孩子可能会放弃某个图式，重复之前的图式，或者在一段时间内没有表现出任何的图式行为。当儿童遇到新的挑战、经历、资源和材料时，他们可能会用图式来引导自己进行提问、预测、想象和推理。图式随着时间的推移将变得更加复杂且精细，而且幼儿一次可能会表现出多种图式。

我们已经识别和描述了许多不同的图式，下面是婴幼儿游戏和探索中最常见的一些图式。

- **轨迹：** 喜欢从高脚椅或婴儿床上往下扔东西，或者爬上跳下。
- **旋转：** 对旋转着迷，包括喜欢玩带轮子的玩具、荡秋千或骑旋转木马。
- **围合：** 给自己画的图画加边框，用积木围合，例如用栅栏把动物围起来。
- **包裹：** 完全盖住自己或物品，将物品包起来或放入袋子。
- **搬运：** 自己在不同的地方移动，把物品从一个地方移到另一个地方，如把物品拿给成人，或用袋子和容器来回搬运物品。
- **连接：** 如连接或拆分玩具火车的轨道，使用建构材料，用胶或胶带把材料粘起来。
- **定位：** 喜欢把玩具汽车、书籍、鞋子等排成一行，或者把它们分组。
- **定向：** 喜欢在不同的地方摆出不同的姿势，比如倒立、侧身等，或把物品放在不同的地方。

日复一日，随着经验的积累，图式将变得越来越精细。

当婴儿运动和游戏时，他们会感知到运动、声音、质地、光线、模式、味道和气味。这些感知运动经验将成为一种心理活动，即图式。

随着儿童将经验同化到已有的图式中，他们的图式会变得更加复杂，他们也会调整现有的图式以顺应新的经验。

——朱莉娅·曼宁-莫顿和玛吉·索普

婴幼儿也可能使用图式来帮助自己处理情绪和情感。我们观察到，对相似图式感兴趣的婴幼儿可能会在一起游戏，他们还可能在不同的情境中及家庭里使用不同的图式。

戴维和索尔使用攀爬架爬上滑梯，然后转身从滑梯上跑下来。之后，他们又爬上台阶，再次从滑梯上滑下来。

——凯茜·纳特布朗（Cathy Nutbrown）

对图式的观察，为早期教育工作者依据婴幼儿当前的兴趣思考其发展提供了另一种方式。这使得他们能在适当的时间为婴幼儿提供适宜的活动，有助于婴幼儿尽可能地用多种方式去探索自己关注的事物，得到充分的学习机会，获得满足感。

理解图式可以帮助早期教育工作者：

- 更多地了解婴幼儿是如何学习的；
- 观察和识别婴幼儿当前表现出的图式；
- 制订适宜的计划以支持图式的发展；
- 采用婴幼儿偏爱的学习方式；
- 支持和挑战婴幼儿的思维。

游戏、发展和图式之间的关系绝非偶然，其中图式是婴幼儿学习的核心。婴幼儿在游戏中受图式驱动的方式十分强大且目的明确，早期教育工作者不可忽视。

第 2 章
图式理论

现在，图式已被认为是儿童成长和学习的重要组成部分。因此，理解图式发展背后的理论是每位早期教育工作者的重要职责。通过阅读本章，你将了解图式是如何被研究和重新定义，进而成为《儿童早期基础阶段框架》（Early Years Foundation Stage Framework）中一个不可或缺的组成部分的。

早在图式理论建立之前，弗里德里希·福禄贝尔（Fredrick Froebel）、鲁道夫·斯坦纳（Rudolph Steiner）、玛格丽特·麦克米伦（Margaret Macmillan）、苏珊·艾萨克斯（Susan Isaacs）和玛丽亚·蒙台梭利（Maria Montessori）等儿童早期教育的先驱者就已经认识到各种图式在儿童发展、学习和游戏中的重要性。

本章，我们将回顾历史上对图式发展最具影响力的九种声音，以及有关游戏和图式的研究历程。

理论帮助我们预测和预知儿童可能出现的行为和反应，组织观察到的内容，理解看到的现象……当分析游戏时，我们会把自己的发现和其他人（理论家）的发现联系起来。我们可能会发现自己的观察结果与已有理论相符，也可能会发现事实并非如此。这将有助于我们深入思考……

——蒂娜·布鲁斯

让·皮亚杰（Jean Piaget，1896—1980）

动作图式是协调知觉和运动的系统，它构成了任何可以重复且能够被应用于新的情境中的基本行为，例如，抓取、移动、摇动。

——让·皮亚杰

瑞士生物学家皮亚杰是最先认识到5岁以下儿童具有有组织的行为模式的科学家之一。认知结构是他学习理论的核心，他称其为"思维图式"或"动作图式"。

皮亚杰的研究兴趣有两点，即儿童发展的顺序、认知的发展和增进。他划分了四个不同的发展阶段：

- 感知运动阶段，0—18个月
- 前运算阶段，18个月—7岁
- 具体运算阶段，7—12岁
- 形式运算阶段，12岁—成年

皮亚杰将"图式"定义为，在四种发展水平上发挥作用的认知结构或心理地图，并为此列出了几项原则。在这四个发展阶段中，儿童体验着环境，利用他们已有的认知结构建构新的认知结构。这种新的经验可能很容易地融入儿童已有的认知结构，让他保持"平衡"；也有可能不同于他之前的经验，那么儿童就会改变他们已有的认知结构来顺应这种经验。皮亚杰称之为"阶段水平理论"（Stage Level Theory），并将其与四个发展阶段联系起来。

- **水平 1：感知运动阶段。**在这个阶段，婴幼儿通过感官、互动和运动来探索和感知世界。
- **水平 2：**这一阶段包括象征性发展和语言发展两个方面。
  象征性发展：幼儿用一种物体代表另一种物体，比如把盒子当作房子或小汽车。儿童的探索不再依赖于真实的物体。
  语言发展：儿童将继续使用熟悉的声音和词语，开始组织语言，让语言为他们所用，使用适当的词语来支持他们的思维和动作。
- **水平 3：功能性依赖**，理解因果关系。比如，"如果我跳进水坑会发生什么？"
- **水平 4：思维发展。**儿童运用逻辑、推理和已有知识与人、经历的事件及材料互动。

皮亚杰对图式理论的研究为理解儿童的发展提供了基础。他认为，儿童是积极的学习者，知识必须由学习者建构和再建构，不能仅仅依靠他人的传授。皮亚杰关于儿童发展的理念持续影响着早期教育领域。

列夫·维果茨基（Lev Vygotsky，1896—1934）

维果茨基是苏联著名的心理学家，直到 20 世纪 60 年代，也就是他去世 30 年后，他的研究才被西方知晓。维果茨基关于语言和思维的理论，与皮亚杰的阶段层次理论同时发展起来。维果茨基认为，思维和语言的来源不同，尤其是在童年早期，思维是非语言的，语言是非智力的，它们的发展轨迹不是平行的，而是一次又一次的交叉。他认为，思维和语言的发展曲线最初是分开的，大约在 2 岁之后相遇和结合并引发出一种新的行为形式。

皮亚杰和维果茨基一开始有着相同的基本观点，即儿童是生物有机体。然而，维果茨基坚信，文化和社会互动有助于促进儿童的生物性学习进程。他提出，社会文化因素可能会对儿童的思维产生重要的修正作用。维果茨基认为，一旦儿童能够用一种物体来代表另一种物体，那么他们就开始理解语言的符号功能了。

在实现目标的过程中，儿童的语言能力和动作一样重要。儿童不仅要能谈论他们的行为，他们的语言和动作是同一个复杂心理功能的一部分，目的是解决手边的问题。

——列夫·维果茨基

维果茨基认为，知识是由一个人传递给另一个人的。他将儿童视为社会和文化的一部分。

- 只有将互动和传统置于其所处的文化和历史背景下或参照相应的历史文化背景，我们才能真正地理解它们。
- 了解儿童能够做什么是促进他们进一步发展的起点。

他还强调了成人在儿童发展中的关键作用：

- 鹰架儿童的学习；
- 不断了解儿童的已有经验，以支持和拓展儿童的学习。

维果茨基指出，最近发展区是指儿童独立解决问题的能力与他们在成人的帮助下解决问题的能力之间的差距。"最近发展区"理论中对于成人作用的描述，对于当今的早期教育思想和实践仍然有着很深的影响。

维果茨基认为，幼儿所处环境中的文化以及幼儿与他人的互动构成了幼儿的学习。他也由此指出，皮亚杰的理论存在一个显著的缺陷。他认为，学习是一个社会和文化经历，它与身体、认知发展有关，但是发展不一定要依赖学习，而是由幼儿与他人的有效互动推动的。

克里斯·阿西，1972年的研究

克里斯·阿西的研究延续了福禄贝尔的理论和实践。福禄贝尔（1782—1852）是儿童教育家，逝于一个多世纪前。她开创了一种新的儿童教育方法，认为婴幼儿具有内在的动机，他们在积极的游戏中学习得最好，这一理念对于儿童获得亲身体验具有深远的意义。

克里斯·阿西在一家福禄贝尔幼儿园工作，既是一位教师，也是一名研究者。同时，这家幼儿园也采纳了皮亚杰和维果茨基的理论。皮亚杰最先界定了图式的概念，但阿西是第一个在保育场景中观察婴幼儿图式行为的人。阿西根据皮亚杰的阶段水平理论观察幼儿，对幼儿如何获得知识进行了深入的研究。

这项始于1972年历时5年的研究，是英国首个此类研究的项目。该项目致力于通过与婴幼儿父母和专业人士合作，追踪每个孩子的思维发展来"探寻图式"，她的研究成果呈现在她 1990 年出版的《扩展幼儿的思维：父母与教师的合作》[1]（Extending Thoughts in Young Children: A Parent-Teacher Partnership）一书中。

在这项研究中，阿西和她的团队在两年的时间里对入读福禄贝尔幼儿园的 20 名 2—5 岁的孩子进行了 5000 多次的观察与分析。这些孩子来自稳定但贫困的家庭，他们每天上午到幼儿园参加 3 小时的活动。

之后，他们依据皮亚杰的认知结构（即图式）理论对观察内容进行解读。他们的研究结果证实了皮亚杰的阶段水平理论，揭示了语言能力、理解能力和图式之间的关系。

阿西将"图式"定义为：

图式是一种经验被同化并逐渐调整了的重复的行为模式。经验的协调促成了更高水平、更强大的图式。

——克里斯·阿西

阿西在她的《扩展幼儿的思维：父母与教师的合作》一书中，描述了在儿童的不同发展水平上的 10 种图形图式、11 种空间图式和 9 种动态图式以及一些图式群。

图形图式	空间图式	动态图式
• 点 • 圆圈 • 水平线条 • 垂直线条 • 向下的曲线	• 包围 • 拆分和连接 • 线条 • 水平线、垂直线条和乱画的圈	• 动态垂直图式 • 前后移动或者从一边到另一边 • 绕圆圈或旋转

---

[1] 此书由北京师范大学出版社于 2010 年出版。——译者注

续表

• 向上的曲线 • 长方形 • 圆形的围合 • 有放射线的围合 • 用有规律的标记的围合	• 水平和垂直坐标，网格和有规律的网格 • 直线和斜线 • 圆圈和闭合的曲线 • 核心和射线 • 开弧和闭弧 • 开放的连续的三角形（弯弯曲曲的锯齿形） • 角、三角形和四边形	• 在上面、下面或顶上移动 • 绕着边界移动 • 容纳或包裹 • 穿过边界移动 • 思想内化行为 • 讲故事中的思维

蒂娜·布鲁斯，20 世纪 70 年代的研究

蒂娜·布鲁斯是一位受过福禄贝尔教育方法训练的教师，她在 20 世纪 70 年代与同事兼研究员克里斯·阿西一起参与了福禄贝尔幼儿园的研究项目。当蒂娜·布鲁斯观察她自己的孩子时，她发现图式出现的时间远远早于在研究项目中观察到的时间，因此她在成为福禄贝尔研究院早期儿童研究中心主任之后就此进行了进一步的研究。在 1987—1990 年期间，她指导了福禄贝尔积木游戏项目，她的研究助理帕特·古拉（Pat Gura）也参与了该研究。

蒂娜·布鲁斯深受福禄贝尔的影响，她完全接受了福禄贝尔的理念，即儿童通过游戏进行学习，相信游戏对图式的发展和协调至关重要。她描述了图式运作的三种水平：

- 感知 – 运动（通过感知和运动进行学习）
- 符号表征（通过假装游戏进行学习）
- 功能性依赖（探索因果关系）

此外，与福禄贝尔一样，蒂娜相信，婴幼儿的游戏应该有其自己的结构。在支持婴幼儿进行有意义的游戏时，成人的作用和学习环境都十分重要。对于蒂娜来说，游戏太重要了，不能随随便便地开展。成人可以在积木游戏中为孩子们提供挑战认知能力的材料，从而支持他们的思维和已有的图式。

有5所学校参与了这项研究，且都遵从福禄贝尔的教育理念，这些学校的教师也已经对图式有所了解。蒂娜认为，精心组织、策划的积木游戏为孩子们提供了合作、协商、解决问题和互助的机会，因此单元积木和空心积木是3—6岁儿童课程中不可或缺的一部分。

该项目的研究结果证实了，儿童探索世界的方式是有规律可循的。例如，他们使用单元积木和空心积木将水平线和简单的垂直线组合起来、混合和搭配，以及以对称和不对称的方式创建更复杂的结构。

蒂娜将图式定义为：

图式是儿童归纳出来的可重复的组织行为模式，比如轨迹（重击、跳跃、上下爬、投掷等）。

——蒂娜·布鲁斯

积木游戏项目确认了八种组合方式，反映并支持了儿童在积木游戏中表现出来的现有图式。

- 水平线
- 简单的垂直
- 圆形和线形的包围
- 在边界内排序和填充
- 交叉与分割
- 格子
- 由中心向外的射线
- 拱形与锯齿形

凯茜·纳特布朗，1999 年的研究

凯茜·纳特布朗是英国谢菲尔德大学早期教育专业的讲师。她长期从事幼儿及家长工作，曾是幼儿园教师、研究员、作家及教育顾问。她的研究直接把幼儿的图式与他们的交谈、动作、表征和思维联系起来。她的《读懂幼儿的思维：图式与幼儿的学习》（*Threads of Thinking: Schemas and Young Children's learning*）一书以皮亚杰、维果茨基、阿西和布鲁斯的研究为基础。凯茜·纳特布朗在十多年的时间里持续收集儿童观察记录，观察对象包括她曾经工作过的早教机构的儿童和在家中活动的儿童。

她的目标是研究以下内容。

- **思维内化行为：**儿童是在行动中表现出他们已具备的知识和理解能力的，例如玩躲猫猫、唱歌、画画、搭建积木。
- **讲故事中的思维：**儿童根据他们的亲身体验，通过创编并讲述一段故事来表现出他们已具备的知识和理解能力。

凯茜·纳特布朗通过观察儿童的已有经验、他们所说的话及他们所做的标记，将儿童的语言、思想与重复的行为模式（他们的图式）联系起来。当她分析自己的观察结果时发现：

- 对动态垂直图式感兴趣的儿童所表达的想法与高度、长度、空间的划分、对称、制图、线条和格子相关；
- 对动态环形图式感兴趣的儿童理解"环绕或圆形"的概念，他们会用圆圈做标记，谈论旋转、转晕了、搅拌等；

- 儿童在讲故事时，图式能帮助他们表达自己的思想、经验或想法；
- 许多儿童的图式都有数学或科学根源。

她研究了当时早期教育课程在支持儿童的学习与发展方面的适宜性，认为游戏应该是早期教育课程的核心，因为游戏是学习的基础。

凯茜·纳特布朗用以下方式定义了图式：

在婴儿身上看到的早期行为模式变得越来越多且越来越复杂，最终组合在一起，这样婴幼儿就不会表现出单个的行为，而是协调他们的动作。蹒跚学步的孩子努力地忙碌着，收集一堆东西放在看护者的膝盖上，来回地、前后地走来走去，每次只拿一个东西。他们的忙碌是一种行为模式，这种模式贯穿始终。

——凯茜·纳特布朗

凯茜·纳特布朗还介绍了一些与家长合作的原则，强调了父母作为婴幼儿的主要照顾者和教育者的关键作用。这些原则包括：

- 与父母合作要坚持一致性、连续性和持续性；
- 与父母合作要意识到机会均等；
- 与父母合作要有共识——为孩子的利益而努力；
- 彼此尊重并充满爱地发挥自己的力量。

最后一项原则指出，父母和教师在儿童的生活中都是强大的人，他们对儿童的学习做出了贡献。因此，至关重要的是，他们要认识到自己的力量，并充满爱心地运用它，以确保教师与父母的合作伙伴关系。

早期教育伙伴关系研究项目

早期教育伙伴关系研究项目（Peers Early Education Partnership，缩写为PEEP）建立在克里斯·阿西和凯茜·纳特布朗关于教师与父母之间有效的合作关系研究的基础上，帮助父母理解和支持孩子的学习。1998—2000年，第一个早期教育伙伴关系研究项目在牛津郡的贫困社区开展。

这项研究的目的是跟踪调查儿童的发展，从有可比较性的社区中选择来自5个游戏组的3岁儿童及其父母。这些家庭被分为两组——干预组和对照组，干预组的父母每周都要和教师会面，教师与他们分享有关孩子如何学习方面的知识，回应并重视父母对孩子学习的贡献、见解和认识，并在33周的课程中为他们提供支持和培训。该项目的重点是帮助父母投入家庭里的亲子互动中，了解游戏的类型，并示范如何支持和扩展孩子的学习。对照组的父母没有接受教师的干预，也没有和孩子一起去幼儿园。

研究结果表明，与没有父母参与的孩子相比，有父母参与的孩子在学习方面取得了显著的进步；干预组的孩子在智力、认知和体能方面，尤其是在理解和表达语言、对图书及文字的理解、数概念理解等方面，表现出了更高水平的自信和自尊。

儿童通常有自己最喜欢的游戏方式，有时他们似乎需要一遍又一遍地以同样的方式做事。他们游戏方式的基础是图式——儿童思维的心理框架。

——PEEP项目

早期教育伙伴关系研究项目的研究结果为许多国家和地区的行动

提供了依据，从而支持 5 岁以下儿童的父母提高教育质量。

《0—3 岁工作框架》(2003)

2001 年，英国政府委托曼彻斯特城市大学制定《0—3 岁工作框架》（Birth to Three Matters Framework），旨在确保整个早期教育行业能够提供一致的、高质量的教育服务。莱斯利·阿博特（Lesley Abbot）带领一个由早期教育专业人士组成的团队进行了为期一年的发展项目，由儿童、父母以及早期教育领域的从业者、幼儿教育专家、政策制定者和研究人员共同合作完成。

项目的出发点是巩固有关婴幼儿学习的已有知识，回顾早期儿童教育的实证研究文献。项目将由此产生的《0—3 岁工作框架》资料包分发给所有的早期教育工作者，并提供全面的培训方案。这套资料包包括指导卡片、优秀实践案例光盘和视频，目的是为那些照顾和教育 3 岁以下儿童的教育工作者提供支持、信息和指导策略。《0—3 岁工作框架》提出了 10 项基本原则，并针对学习与发展所包含的四个方面划分了四个明显的发展阶段。

《0—3 岁工作框架》资料包中的材料明确了关系在支持婴幼儿学习与发展中的重要作用，强调了高效的教育工作者在扩展儿童学习中的作用。婴幼儿的重复游戏模式（图式）在实践指导卡片和视频案例中都被视为婴幼儿学习与发展的核心。

皮亚杰和维果茨基的思想，以及阿西、布鲁斯、古拉、纳特布朗、曼宁-莫顿、索普和早期教育伙伴关系研究项目的实证研究成果，都对《0—3 岁工作框架》的理念和内容产生了影响。

游戏似乎有助于儿童形成对技能、性情和图式的内隐记忆。

——《0—3岁工作框架》综述

最新的大脑发育研究

《0—3岁工作框架》包括医学技术进步方面的信息，这有助于研究人员获得关于婴幼儿大脑的新发现。

里马·肖尔在《重新思考大脑：关于大脑早期发育的新发现》（Rethinking the Brain: New Insights into Early Development）一书中描述了她的研究，挑战了之前很多对大脑早期发育的认识。肖尔认为，遗传、早期互动和直接经验都会影响大脑的发育，这种影响对3岁以下的儿童尤为明显。最近对婴幼儿大脑活动的其他研究也提供了进一步的证据。

安妮·米德（Anne Meade）在《一千亿个神经元：它们是如何组织起来的》（One Hundred Billion Neurons: How Do They Become Organised）中，对游戏和大脑发育之间的关系进行了思考。她的研究发现，游戏为儿童建立图式提供了极其重要的机会。

艾莉森·高普尼克（Alison Gopnik）、安德鲁·迈尔左夫（Andrew Meltzoff）和帕特里夏·库尔（Patricia Kuhl）的研究结果《婴儿如何思考：童年的科学》（How Babies Think: The Science of Childhood），对《0—3岁工作框架》资料包的构思产生了影响。高普尼克的早期研究深受皮亚杰的影响，她在《语言与计划：早期语言与智能动作的发展》（Words and Plans: Early Language and the Development of Intelligent Action）一文中论证了，婴儿在出生时所知晓的远远超过之前我们所认识到的。高普尼克观察了1岁和2岁儿童的语言发展情况，对观察结果的分析清楚地说明，当儿童在轨迹图式的框架内探索"上"或"下"

时，他们就能够使用和理解如"上"和"下"这样的词语。她坚信，动作对儿童来说就像语言一样重要，她的研究被纳入《0—3岁工作框架》中的两个部分（即熟练的沟通者、有能力的学习者）。

对艾莉森·高普尼克而言，计划或图式就是一个动作或一系列重复的动作：

儿童和科学家都是世界上最好的学习者，他们似乎以非常相似甚至相同的方式进行学习，这种方式不同于我们最好的计算机。他们从来不是从零开始；相反，他们能够修改和改变自己已有的知识，以获得新的知识。

——艾莉森·高普尼克

这段文字清楚地描述了图式的概念，也是对皮亚杰有关顺应、同化和适应概念的简洁重述。

《儿童早期基础阶段》（2012）

《儿童早期基础阶段》是唯一一份支持0—5岁儿童教育质量的手册，它以最近的研究成果为基础，尤其是：

- 早期教育伙伴关系研究项目
- 学前教育的有效供给（Effective Provision of Pre-school Education，缩写为EPPE）
- 早期教育有效教学法的研究（Researching Effective Pedagogy in the Early Years，缩写为REPEY）
- 为早期保教人员提供的大脑研究（Brain Research for ECEC

Professionals）

以及现有的文件，包括：

- 《国家日托机构标准》（The National Day Care Standards）
- 《儿童早期基础阶段的课程指导》（The Curriculum Guidance for the Foundation Stage）
- 《0—3岁工作框架》
- 《每个孩子都重要》（Every Child Matters）

2012年9月，修订版的《儿童早期基础阶段》成为所有0—5岁早教机构必须遵循的法定文件。

《儿童早期基础阶段》强调：

- 独特的儿童
- 积极的关系
- 有利的环境
- 学习与发展

主动学习、游戏和探索、创造力及批判性思维对于《儿童早期基础阶段》的重要性不亚于儿童的行动、图式或思维的发展。《儿童早期基础阶段》资料包中有很多关于经验的关键特征的参考资料，有助于婴幼儿在他们的思维中建立重要的联系。《儿童早期基础阶段》重申了艾莉森·高普尼克的研究工作，认识到儿童通过像科学家一样的行为——验证想法和实验来提升他们的理解能力。

例如，儿童可能需要在水坑里跑、跳和走很多遍来看看会发生什么，通过这种方式，他们开始更多地意识到力对水的影响。

——英国教育与技术部，《儿童早期基础阶段》（2012）

持续共享思维强调成人支持的重要性，这是为儿童提供适宜的认知挑战活动的一种方式。在学前教育的有效供给研究项目中，持续共享思维首次被确定为成功的早期教育实践的关键因素。当两个或两个以上的孩子在"成人或同伴的支持下"，通过逻辑推理或一起解决问题来深入参与活动的时候，持续共享思维就出现了。持续共享思维描述的是儿童全神贯注于他们正在做的事情，应用他们的已有知识，并通过新的发现和做事方式来扩展他们的活动。整个指导文件中强调了教师在识别、支持、扩展和维护儿童思维过程中的角色和作用。

当儿童有机会在不同的情况下，利用不同的资源产生游戏主意时，他们就会发现事物之间的联系，并获得一种新的、更好的理解力和行事方法。在这个过程中，成人的支持增强了他们批判性思考和质疑的能力。

——英国教育与技术部，《儿童早期基础阶段》（2012）

《儿童早期基础阶段》中融入了图式发展理论，强调了重复的游戏模式在改变婴幼儿对周围世界的理解方面的重要性。《儿童早期基础阶段》指出，教师的工作需要建立在儿童的图式游戏模式的基础上。目前人们一致认为，为幼儿奠定坚实的学习基础有时可能是一个漫长且重复的过程，但对图式的认识和理解将使教师能够深入地理解他们在观察、评估和制订计划时所看到的婴幼儿的行为。

第3章

修订版《儿童早期基础阶段》和《发展很重要》中的图式游戏

修订版《儿童早期基础阶段》（2012）认为，图式是儿童发展的一个基本组成部分，并倡导早期教育工作者要："提供可以填充、倒空和携带的物品，如小纸袋、篮子和水桶"。它还指出，教师应该"鼓励婴幼儿的独立性，当婴幼儿探索特定的运动模式时，这种运动模式有时就是他们的图式"。

儿童如何利用图式游戏进行学习

婴幼儿通过亲身体验来获得学习，他们利用重复的活动来帮助自己练习、记忆和组织自己的想法，把自己的经验和以前的经验联系起来。以下是对图式游戏发展的复杂程度的描述。

水平一：感知－运动

婴幼儿通过他们的动作、运动和五种感觉（视觉、听觉、触觉、嗅觉和味觉）获得的信息来进行学习。这些早期的感官体验和运动对儿童的学习与发展至关重要。修订版《儿童早期基础阶段》（2012）将这种早期的发展定义为婴幼儿发展控制大小肌肉运动技能的方式。

《发展很重要》中关于知觉发展和运动的例子如下。

- 用爬行、拖拽或滚动的方式四处移动。
- 享受在潮湿的沙子、糨糊或颜料中涂涂画画的感觉。（2012，p. 22）
- 用不同的方法探索物体，如摇动、撞击、注视、抚摸、品尝、喃喃自语、拉、转、戳。（2012，p. 39）
- 涂涂画画的行为不同于书写，它只是婴幼儿的一种感官体验，还不是具有沟通作用的符号。（2012，p. 30）
- 运用一系列的媒介，通过感知觉，全身心地投入探究、试验中。（2012，p. 43）

水平二：符号表征

当儿童用一个物品来代表另一个物品时，我们就可以观察到符号表征。例如，孩子可能会用一根羽毛代表一只鸟。符号表征是最高层次的思维能力之一。修订版《儿童早期基础阶段》（2012）将它定义为实现最终目标的必经之路。

《发展很重要》中关于符号表征的例子如下。

- 逐渐能够用玩具玩假装游戏（帮助儿童理解自己的想法可能不同于别人的想法）。（2012，p. 10）
- 支持儿童的象征性游戏，认识到假装做某事可以帮助儿童表达他们的感受。（2012，p. 13）
- 在假装游戏中，说出用一个物品代表游戏中的其他物品，例如"这个盒子是我的城堡"。（2012，p. 20）
- 在假装游戏中，模仿自己家庭和文化背景中的日常行为和事件，如

泡茶、喝茶。（2012，p. 37）
- 开始通过装扮来进行假装游戏。（2012，p. 45）

水平三：功能性依赖或因果关系

功能性依赖是指儿童将他们已有的知识应用到新的情境中，这需要儿童利用他们在亲身实践中吸收和同化了的知识。

功能性依赖或因果关系的例子如下。

- 对技术的理解，始于婴儿对事物的探索和感知，及其与事物之间的互动。（2012，p. 41）
- 促进儿童对分组排序和因果关系的理解。（2012，p. 7）
- 知道可以用不同的方式使用物体，例如：球可以用来滚也可以用来扔、玩具汽车是可以推的。（2012，p. 39）
- 理解即使自己看不见某个事物，但它也是存在的。（2012，p. 32）
- 明白在一组物品里添加或拿走一些物品时，该组物品的数量会发生变化。（2012，p. 32）
- 知道如何操作简单的器材，例如打开激光唱机和使用遥控器。（2012，p. 42）

水平四：抽象思维

抽象思维是指儿童开始意识到自己已拥有的知识，并能用语言描述事件、事物或经历。修订版《儿童早期基础阶段》（2012）阐明，在这个阶段，儿童可以在无实物的情况下记住并重复说出他们之前获得的信息。儿童通过这种方式证明他们已经吸收、适应和同化了知识，之后在谈论他们感兴趣的事情时，可以用这些知识来产生新的想法。

抽象思维的例子如下。

- 将语言作为一个强大的工具来扩大交往范围，分享感受、经验和思想。（2012，p. 20）
- 用正确的语序复述一件已发生的简短的事情（例如，我滑下滑梯，弄痛了手指）。（2012，p. 20）
- 通过回忆和重温过去的经历，解释正在发生的事情和预测接下来可能发生的事情来连接语言和想法。（2012，p. 20）

克里斯·阿西（2007）和蒂娜·布鲁斯（2011）建议，要能够认识到儿童在各种情境中和不同的发展水平上使用图式的重要性。她们提出，教师需要找出儿童所表现出的贯穿游戏始终的行为模式。在深入研究后，她们认为这有助于教师更深入地了解儿童当前的兴趣和想法。与她们相似，凯茜·纳特布朗（2011）也建议，教师必须提供与儿童的思维和能力相匹配的教育内容。

这些专家的立场很明确，他们都呼吁早期教育中的教学和学习策略均应以儿童的学习方式为中心。这样，教师才能更好地把儿童的想法和兴趣与课程内容联系起来。当儿童在不同的发展水平和时间运用他们的图式时，为了使他们的思维和想法可以看得见，教师应该将自己关于图式的知识作为支持和发展孩子思维的工具。教师努力为婴幼儿提供开放式的资源和材料作为他们发现和探索的起点，这将有助于促进教师专业能力的发展。教师也应该观察儿童如何发现和探索他们感兴趣的东西，并寻找儿童象征性地表现他们的经验和展示他们的学习态度的方式。一旦熟练地掌握了这些知识，教师们都能更清楚地意识到儿童在做自己感兴趣的事情时的动机水平、参与度、坚持性和专注程度。

《发展很重要》在"有效学习的特征"部分进一步强调了上述建议。例如，探索学习——在已有经验基础上游戏——聚焦符号表征，而且，"创造性和批判性思维"部分也强调了孩子通过实践来验证其想法的重要性。鼓励教师为儿童提供机会，让他们在有意义的相关环境中练习和完善他们的技能。教师需要注意每个儿童的图式发展水平。这是一种真正地与儿童的兴趣相契合并能支持儿童实际想法的方法。

当评估儿童当前图式游戏的水平时，教师可以在以下活动中进行观察：

- 收集——把东西随意地堆集在一起；
- 搬运——将物品从一个地方移到另一个地方；
- 定位——把物品放在特定的位置；
- 排序——把物品按大小排序；
- 定向——旋转物品、自己转圈、上下颠倒物品、自己倒立；
- 轨迹（水平和垂直）——攀爬、投掷、踢、跑；
- 倾斜（不协调的轨迹）——斜坡、滑梯、坡道；
- 围合——建造围墙和路障，中间是满的或空的；
- 包裹——裹住，覆盖空间、物品和自己；
- 旋转和半圆——对旋转的物品感兴趣，探索曲线；
- 连接和拆分——连接和拆开物品；
- 变换——通过混合、覆盖、装饰，改变材料；
- 匹配——运用一一对应的方式，例如茶杯和茶碟。

需要注意的是，尽管最近对《发展很重要》进行了修订，但原先的实践指导材料（2008）仍然是可用的，可以作为支持教育实践的补充材料，原文件的主要观点和原则也不变，即积极的关系、有利的环境、独特的儿童及学习与发展。在修订版的《儿童早期基础阶段》（2012）中，"有效学习的特征"部分强调的是儿童如何学习，而不是儿童学到了什么。其中的许多特征都是从《儿童早期基础阶段》（2008）原则中提炼出来的，并被应用到实践卡片中（4.1 游戏和探索、4.2 主动学习、4.3 创造性和批判性思维）。

"有效学习的特征"部分在教师应该加强的学习方面、观察儿童行为时应该捕捉的信息方面、作为高效的教师方面、提供有效的环境方面，都提供了有价值的指导性建议。

"有效学习的特征"包含三个部分，见表3.1。

表3.1 有效学习的特征

游戏和探索——参与		
发现和探索	在已有经验的基础上游戏	愿意尝试
• 表现出对物品、事件和人的好奇 • 运用感官去探索周围的世界 • 参与开放性活动 • 表现出特别的兴趣	• 用一个物品假装另一个物品 • 在游戏中再现已有经验 • 在游戏中扮演角色 • 与他人表演某段经历	• 发起活动 • 寻求挑战 • 表现出"我能"的态度 • 敢于冒险，感受新的体验，通过尝试错误来学习
主动学习——动机		
全神贯注	不断尝试	为目标的实现而欣喜
• 在一段时间内持续地专注于活动 • 精力旺盛且入迷 • 集中注意力 • 关注细节	• 遇到挑战时，坚持完成活动 • 相信多努力，多尝试，就会成功 • 遇到困难后能重整旗鼓	• 对自己目标的达成感到满意 • 为完成任务的过程而不仅仅是得到的结果而感到骄傲 • 享受挑战，而不是外在的奖励或表扬
创造性和批判性思维——思维		
有自己的想法	建立联系	选择做事的方式
• 想出主意 • 寻求解决问题的方法 • 探求做事的新方法	• 联系已有经验，关注经验中的模式 • 做出预测 • 验证想法 • 学习分组、排序、因果关系	• 制订计划，为如何完成任务、解决问题和达到目标做出决定 • 检查活动开展的情况 • 根据需要改变策略 • 反思运用的方法是否奏效

游戏和探索——参与

修订版《儿童早期基础阶段》（2012）中的"有效学习的特征"部分，概述了儿童早期基本且关键的方面。游戏和探索是儿童主动参与学习的自然和自发的方式。它体现了婴幼儿在亲身实践中如何与人、物品和材料进行互动，以及他们如何通过操作、发现和探索来更深入地参与新的活动。"游戏和探索——参与"部分列出的学习特征也聚焦于符号表征，以及儿童利用假装游戏表达他们的认识和经验的方式。在这个阶段，儿童的表征也可以从他们的建构物、舞蹈、歌曲、涂画、绘画和其他早期的活动中表现出来。

主动学习——动机

主动学习关注的是儿童的兴趣——他们自己如何发现事物，以及他们对学习的热爱。主动学习中的儿童沉醉于自己的想法时，会经常重复、练习和发展这些想法，这体现了他们深度参与学习的方式。此外，主动学习突显了儿童与生俱来的独立解决问题的能力和在游戏中挑战自己的能力，图式游戏通常是主动学习的中心。

创造性和批判性思维——思维

当儿童开始了解周围的世界时，他们会通过创造和批判性思维来改变自己对世界的认识与理解。这部分内容强调了给予儿童时间去重复、记忆和扩展他们的想法的重要性。但是，儿童如何生发想法、如何掌控自己的学习，从而具备独立性，是这部分的重点。儿童将他们现有的知识应用到新的情境中时，是如何增长知识，如何在想法、感情、关系之间建立联系的，这部分强调了儿童的这种学习方式背后的思维方式。从本质上说，这一有效学习的特征突显儿童通过自主和自发游戏进行学习的方式。

第 4 章
图式在婴幼儿游戏和学习中的发展

本章探讨具体的图式以及它们在儿童发展过程中的表现方式。当然，不同的儿童会在不同的年龄阶段表现出这些图式，有些儿童也可能根本不会有"沉迷"图式的表现。

轨迹图式

轨迹图式是婴儿阶段最早出现的图式之一，它是与运动有关的基本图式。当婴儿学会注意正在移动的物体时，就可以在婴儿的行为中看到轨迹图式。甚至是新生儿也能转动他们的头，用眼睛注视和追踪移动的物体。

在轨迹图式中，运动模式出现在婴幼儿的行为中，如在水平和垂直的方向上移动手臂、腿和身体，踢和推东西（水平轨迹），扔东西，把东西放进如邮递箱这样的容器中或从容器中取出东西（垂直轨迹）。

重要的是，要认识到婴儿早期经验和互动经历中会有许多直线运动，例如被抱起和放下、在两轮小车或四轮婴儿车里被推着、坐在小汽车里或自行车上、从浴缸里或者汽车安全座椅里被放进和抱出。

轨迹图式通常会发展成儿童对直线的探索，包括垂直线和水平线。我们可以观察到，小婴儿重复伸出手去够东西并把它放在嘴里，踢腿，张开手和合上手，上下或左右挥动手臂，扔、拉和推物体，用手指来指去，摇晃身体，爬上爬下。

亲身实践对于探索轨迹图式至关重要，因为这些亲身实践使得婴儿得以探究和摆弄物品。婴儿在他们所做的一切事情中不断地使用他们的图式动作，例如，在他们抓握、投掷、扔、挤压物品的过程中都在使用轨迹图式。重复的运动表明了图式行为的存在。

大约从6个月起，婴儿就会被他们正在探索的玩具和物品中隐含的因果关系吸引，例如，婴儿反复地用力挤压泰迪熊使它发出叫声、反复地按玩具中心的按钮、把物品放进篮子和容器里再拿出来。婴幼儿喜欢玩熟悉的物品和玩具，他们需要反复摆弄才能获得预期的效果。

随着轨迹图式的发展，婴儿开始探索高度和距离。婴儿的重复行为并不是有意让教师或父母不高兴，而是他们正在探索高度、长度、距离、因果关系，例如，有些婴儿喜欢反复地抓住玩具和放下玩具，经常扔掉玩具后还要成人把它们再捡回来！我们还可以观察到小婴儿探索垂直和水平的轨迹行为，例如推倒已经搭建好的塔、从婴儿高脚椅或桌子上往下扔东西、用手和胳膊做敲打或重击的动作、伸展肢体、挥手、伸手够东西。

幼儿喜欢通过投掷、跳跃、摇摆和跟踪物品等探索物品在空中的移动，从而持续地对轨迹进行探索并增进他们对物品移动方式的认识。

随着儿童的生长发育，他们开始在涂涂画画中探索空间、形状、网格。他们利用已有的关于水平线和垂直线的知识，在开放和闭合的线条之间以及曲线和角之间建立联系。他们发现了正方形、长方形和三角形等形状，开始调整线条，当线条相交时，形成十字、网格、梯子和其他图案。

教师可以通过提供适宜的材料和探索的机会来帮助儿童扩展他们的轨迹图式。例如，如果孩子对扔东西感兴趣，那么教师可以提供各种安全的投掷物和地方，让孩子把东西扔上扔下、扔来扔去。在已建立的心智图式的基础上，有些孩子需要频繁地跑来跑去、互相追逐，有些孩子则可能对直线运动的东西感兴趣，如直升机和鸟类。

旋转图式

当儿童转动、旋转物品或自己的身体时，我们就可以看到旋转图式。儿童可能自己转动身体，也可能着迷于玩那些可旋转的或可转动的玩具以及简单的日常用品。旋转图式可以是充满活力和力量的，例如，儿童围着圆圈跑或转圈，一圈一圈地骑着自行车，扭转和旋转玩具、绸带、围巾、绳子，喜欢被成人抱着转圈。

　　这种游戏模式把可以旋转的物品和旋转联系了起来，有些儿童对可以转动和旋转的玩具十分着迷。

　　2岁的杰克向保育员展示并描述了他在地球仪的支架上按同一个方向旋转地球仪的方法。

　　4岁的尼古拉斯正在玩一架用乐高积木搭成的直升机。他指着螺旋桨说："当这个东西旋转的时候，我的直升机就会飞起来，飞向天空、月亮和星星。"

　　儿童也会问一些他们感兴趣的可转动和旋转的物体的功能问题，这对教师来说是一个深入了解儿童的机会，可以了解儿童关于旋转的已有经验，并对儿童当下探索的行为及思考有更深的认识。了解旋转图式可以帮助成人认识和理解贯穿于儿童游戏中的那些有时令人困惑甚至恼人的重复行为。

在父母和教师的支持和帮助下，儿童的早期经验得到同化并逐渐形成对旋转的充分理解。

围合图式

一旦儿童通过轨迹图式探索了垂直和水平的线条，那么围合图式就会常常在他们的行为中出现。对围合的兴趣可能始于婴儿早期在各种封闭空间中的经历，例如在婴儿床、游戏护栏、两轮婴儿车里或婴儿高脚椅上。

儿童开始可能会通过连接线条，或用各种材料和资源进行搭建来呈现围合。有些儿童对圆形的围合感兴趣，有些儿童则建构正方形或长方形的围合，或者在行动中探索结构，即把空间、物品和他们自己联系起来建立围合的结构。儿童可能会通过建造篱笆或墙壁，或者小心地填充他们建造的空间来达到这个目的。他们也可能给他们的绘画或作品加上边框。有些儿童会以一种有序的方式填充他们围合的空间，如，在田野里或农场里放入玩具动物。有些儿童则可能更喜欢布置围栏，并在围栏之间或上方架起桥梁。

当儿童着迷于建构围栏、牢笼和路障等建构物时，围合图式更容易被发现。教师可以通过每天都提供富有创意的建构材料、单元积木和空心积木、毯子、废旧模型和其他可用于创造和搭建富有想象力的围合结构的材料来进行回应。

围合图式能够使儿童通过排序、组合、安放和连接材料来形成围合的空间。他们也会探索生物如何进出围合的空间，例如，有的儿童为农场的动物做围栏时会留下一个开口，这样动物就可以进出农场，或者在大的围栏里搭建小的围栏。对围合感兴趣的孩子也会把物品沿着盘子边缘摆放，或者在围合的空间里绕圈奔跑或绕圈骑自行车。

教师应该认识到，探索围合图式的儿童是依据自己的兴趣来选择具体活动的。

> 四个4岁的男孩在用积木搭建又高又长的围合物。他们的建筑物不仅是对称的，而且有很多向上建造的层级。男孩们告诉教师，他们正在建造一个多层动物园。

> 4岁的乔伊对关在笼子里的小鸟很着迷。她的老师注意到，乔伊经常细致地画笼子里的小鸟，以及池塘里的鸟和鸭子，并小心翼翼地用线条把它们围合起来。

> 亚历克斯是幼儿园的一个3岁男孩，他喜欢收集垫子，不愿意和其他孩子分享这些垫子。当他坐在地毯上时，他小心地把坐垫摆成一个围绕自己的圈。

这些有关围合图式的例子,让我们更加理解图式行为在一开始出现时多么令人不解或烦恼,但通过观察并与孩子进行审慎的讨论,我们将明白孩子沉浸在重复的或图式游戏中时的行为。

正如各个学习领域互相关联,不同的图式也是互相关联的,如围合图式与轨迹图式、包裹图式和旋转图式之间都有着紧密的联系。

包裹图式

儿童用各种各样的材料盖住物品或自己的身体,就是包裹图式的表现。儿童在探索围合图式时,包裹图式也常会出现。

具有包裹图式的儿童对覆盖、伪装、躲藏和隐藏自己和物品感兴趣。我们可以观察到,儿童通过戴帽子、围围巾、戴项链、戴手链、戴手镯、戴耳环、戴戒指和涂指甲油来装扮自己。他们搭建"小窝",藏在毯子下面、家具后面或者碗柜里。他们可能披张床单就把自己变成一个"幽灵";用零零碎碎的东西塞满袋子;在手上涂满颜料或胶水,然后再把它们剥下来;用一种颜色把一幅画涂满。

> 4岁的汉娜在玩硬纸筒,她感兴趣的是有些纸筒可以互相套入,但有些纸筒套进去后就不见了。她用这种方式玩了一段时间,然后又把纸筒当望远镜,玩"视觉大发现"的游戏。

与所有的探究一样,儿童在与他人和环境的日常互动中,通过寻找问题的答案开始在学习中建立联系。当他们对自己的发现感到满意时,他们可能就会直接进入一个有着相同的基本模式的新的探索路径,包裹图式将变得越来越复杂。克里斯·阿西认为,儿童对身边的材料和经验的关注反过来又将促进他们的图式发展。

教师应该注意到儿童在游戏中提出的以及教师自己向儿童提出的各种各样的问题,在确定儿童可能需要什么时,试着像儿童一样去思考,这可能是一种对成人有帮助的方法。这种与儿童同步的思维,确保教师为儿童提供可以启发他们灵感的资源,如藏身之处、用于包装和搭建小窝的材料、不同类型的胶带和其他的固定材料,以及用于装扮的服装、帽子、鞋子、手提包,容器以及用来填充和密封的物品。

搬运图式

当儿童热衷于将物品或自己从一个地方移到另一个地方,用手拿或用口袋携带物品,或往袋子、桶和容器里装满东西,然后再将这些东西分散或堆放到不同的地方时,我们也许就可以看到搬运图式。儿童经常推着空的或装满东西的两轮童车、小车、四轮婴儿车和独轮车四处移动,或者用手推车、自行车、袋子和背包来搬运各种东西。这种对搬运的兴趣可能是基于他们坐汽车、童车或被抱在成人手臂里的亲身经历。

第 4 章　图式在婴幼儿游戏和学习中的发展

> 夏洛特和奥斯汀都是 3 岁的孩子，他们正在玩两轮童车。夏洛特在童车里放了一个洋娃娃，她正试图说服奥斯汀也这么做。奥斯汀离开了夏洛特，他拒绝在他的童车里放一个洋娃娃。当夏洛特强行把一个洋娃娃放进奥斯汀的童车里时，奥斯汀把它扔了出去，大叫着："不，不要洋娃娃！"

上面这个观察是一个体现遵循逻辑路径发展的图式行为的例子。奥斯汀仍在探索从一个地方到另一个地方的搬运概念，放洋娃娃在婴儿车里不是他目前的兴趣。对奥斯汀来说，自己推着婴儿车在托儿所里到处移动的体验足以满足他目前的需求，而夏洛特已经在婴儿车里放洋娃娃与推着洋娃娃四处移动之间建立了联系。随着时间的推移和经历的丰富，奥斯汀的游戏可能也会发展成把物品放在手推车或其他有轮子的容器中，推着它们从一个地方移动到另一个地方。

教师可以通过观察儿童的兴趣和提供适宜的游戏材料，来确认儿童把物品从一个地方搬到另一个地方的需要。那些之前被认为只是从一个活动快速转移到另一个活动而没有真正地参与任何一个活动的行为，现在可以被看作有目的的行为。如果教师能够通过向儿童提供在室内外都可以携带和移动物体的机会来支持他们对搬运活动的期望，那么儿童将受益无穷。

对于儿童移动物品的行为，教师如何做出回应至关重要。当儿童把沙子和水混合在一起，或者把橡皮泥从游戏桌上拿到娃娃家时，教师要有一定的灵活性和包容性。这样做的好处是，表现出搬运图式的儿童通常非常喜欢整理活动，也愿意在整理时间收拾东西。

连接图式

具有连接图式的儿童常常沉迷于把东西连接在一起，例如，用绳子、细线、胶带、订书钉或胶水把东西系或捆绑在一起。他们可能用钉子和胶水把木头连接起来，在工艺桌上把回收的材料连接起来，或者在角色扮演中把布料和围巾系起来。他们也可能在花园里把带轮子的玩具连接起来，或者把物品挂在篱笆上、灌木丛上或自己的身上，通常会用很复杂的方法把物品连接起来。

随着连接图式的发

展,有时拆分变得和连接一样重要,解开和捆绑一样重要。当儿童开始探索把物品分开的想法时,他们经常会拆散他们之前建构的建构物,或者把玩具拆开。例如,他们也许把玩具车的轮子卸下来,拆开一套组件中的全部零件,解开绳结、蝴蝶结或拉链。

> 4岁的乔希在幼儿园里收集了所有的火车和轨道。他坚决不让别的孩子连接轨道,也不准他们在上面开火车。这对他来说是不寻常的行为,因为他通常乐于助人,愿意加入其他孩子的行列,帮助其他孩子系好扣子、拉链和鞋带(另一种连接方式)。

> 四个男孩在玩一个大盒子,他们正在用它做一个比萨店,用盒子两边的翻盖做店门。他们决定要送比萨,也需要把门固定好以防止它们来回晃动。其中一个男孩花了一些时间专注于用绳子和松紧带固定门,即使其他的男孩放弃了比萨游戏,但他仍在继续。

表现出连接图式的4—5岁儿童应该频繁、自由地进行建构,接触多种多样的可连接的木制品和富有创意的材料。因此,教师应该考虑如何为儿童提供建构玩具和可连接的玩具,理解儿童既有拆散玩具的需要又有连接玩具的需要。对自由游戏中的儿童进行观察,将为教师提供有价值的信息,从而有助于教师深刻地理解儿童使用连接图式来理解世界的方式。

定位图式

儿童在游戏中停留在某处或把物品放在适当的位置、排序和排列的模式被称为定位图式。有些儿童可能会变得执着于物品摆放或自己身体所处的准确位置——在上面、在下面、在前面、在边沿上、在某个特定的玩具或人或物品的后面或旁边。与其他图式一样,定位图式也可能涉及轨迹图式和连接图式,如幼儿将玩具和其他物品摆成一排,并把它们分组,按照大小和形状排列汽车、娃娃、动物、书籍等。儿童仔细地把物品摆成几排、形成队列,并督促其他儿童也按这样的顺序摆放物品的行为就是定位图式的表现。我们也可以发现,儿童将纸或书整理成整齐的一摞,或在涂涂画画和建构活动中以一排一排和一行一行的形式进行创作。

> 4岁的赫克托正在对运输工具类的玩具进行分类和分组。他按颜色把汽车摆成三排,把火车排成一长列,把所有的飞机飞得高高的,然后小心翼翼地把飞机降落在地面上排成一条直线。

具有这种图式行为的儿童有时会表现出不寻常的行为,比如不愿意在一个盘子里混合着摆放不同的食物，或者把玩具或其他物品按形状和大小排列摆放在一个特别的地方，比如大门口。这种行为常常被一些教师或父母错误地认为是强迫症（Obsessive Compulsive Disorder，缩写为 OCD）的表现，教师可能需要让父母和同事安心，告诉他们定位图式与其他所有图式一样，是学习的一部分，是儿童理解他们经验的途径。当儿童组织和巩固自己已经知道的和理解的知识时，他们将一次又一次地进行验证，并在游戏中不断地扩展正在发展的逻辑思维，增强排序能力。

定向图式

婴儿生来就会运动。他们仰卧或俯卧时，便可以从独特的视角来看世界，但随着可以翻身、坐着、爬行、站立和攀爬，他们看到的世界就开始不同了，他们发现了运动的作用以及运动对他们看世界的视角所产生的影响。定向图式与定位图式和旋转图式相关，当儿童尝试从不同的角度进行观察时，他们往往会同时探索两种或三种图式。

当儿童开始从不同的角度看世界时，他们的行为中就可能出现定向图式。他们可能倒挂自己，弯腰从自己的两腿之间看东西，把东西倒过来看，做"倒栽葱"，侧手翻，倒立，喜欢骑在木马上摇摆身体，或者爬上树和梯子。定向行为的其他特征还包括搭建和运用坡道，在椅子上摇摆，爬山和爬坡，从栏杆上滑下、翻滚，攀爬并站在窗台上或物品上以获得一个更高的位置。当儿童探索不同的物品和自己的身体如何在各种物品表面上运动时，将方向与角度、斜坡和形状联系在一起的模式就可能在其行动中显现出来。

> 5岁的拉尔斯在幼儿园的花园里以四肢着地的方式四处移动。他假装自己是一只正在爬坡、奔跑和前后移动的蜘蛛。后来,有人看到他在玩一辆玩具拖拉机,重复地让玩具拖拉机向前开、向后开,穿过空地,在角落里环行。

探索定位图式的孩子可能无法静坐,或者在小组活动中坐立不安,需要有一个如手偶、橡皮泥或豆袋的物品帮助他们集中注意力。当儿童在自由选择的游戏中探索自己的兴趣时,教师需要提供大量的游戏机会来支持每个儿童发展和协调他们的身体运动能力。

尽管我们可以按照本书阐述的方式对图式进行分类和命名,但并不是每个儿童的行为中都能如此清晰地表现出图式。有些儿童似乎从来就没有表现出一种明确的、可以命名的图式行为,另一些儿童则可能会花上几天或几周的时间聚焦于某一类图式,并在游戏中清晰地表现出对图式的探索，教师可以关注、支持并拓展这些活动。还有些儿童可以在同一时间里表现出多种图式，并能够顺利地从一种图式转换到另一种图式上。

重要的是，我们必须认识到儿童自发游戏的重要性，以及教师必须具有一定的敏感性，要为儿童提供时间、空间和机会，让儿童在有意义的游戏中持续地进行学习。

第 5 章
支持婴幼儿的图式游戏

在这一章里，你将看到一些较长的儿童行为观察记录，以及儿童在游戏中探索的主要图式。对儿童的观察记录进行分析，有助于我们了解儿童的学习和发展，也为我们提供了支持儿童当前图式发展的活动和资源方面的建议。

我们并非建议儿童的游戏和学习应该由成人引导，而是建议教师应该知道如何利用熟悉的资源和设备来支持一名或多名儿童的特定图式的发展。丰富多样的环境和自由的探索能够支持儿童的游戏。教师的责任是确保儿童的图式游戏得到关注、重视和时间上的保证。

我们将探讨以下图式：

- 轨迹
- 旋转
- 围合
- 包裹
- 搬运
- 连接

- 定位
- 定向

活动中的轨迹图式

定义：儿童关于物品和人如何运动以及儿童自己如何影响运动的兴趣。在儿童的活动中可以看到这个图式，如他们不断地扔东西、跳跃、摇摆和爬上爬下。

发生了什么呢

> 9个月大的约瑟夫和10个月大的斯凯正在托儿所里和教师玩游戏。教师给斯凯戴上了一顶帽子。斯凯的手挥过自己的头，碰掉了帽子，帽子落在她身边。教师模仿斯凯的面部表情，并重复了这个动作，告

诉宝宝们帽子要掉下来了。斯凯捡起帽子，将它从一只手放到另一只手上，检查了一番。

接下来，教师用网布遮住了自己的眼睛。宝宝们很兴奋。教师把网布放在约瑟夫的头上，看着他，而约瑟夫的目光正追随着她的手。约瑟夫抬头看了看，然后又低下了头。起初，他没有意识到教师把网布放在了他的头上。他变得兴奋起来，前后摇晃身体。教师说："它要掉下来了。"约瑟夫查看着网布，手指探进网眼里。玩了一会儿之后，他露出了笑脸，踢着腿，挥舞着手臂，等待着网布再次落下来。

这个观察告诉我们什么

凝视和目光追随是儿童早期出现的两种图式。凝视促进儿童对事物结构的认知，目光追随促进儿童对事物运动的认知，包括自我的运动和他人的运动。

——克里斯·阿西

婴儿出生时，目光追随和凝视是两种分开的行为。约瑟夫的行为表明，他知道物体或人可以是静止的，也可以是运动的，他的目光追随和凝视不再是分开的，他可以用目光追随移动的物体。他的早期互动经历已经使他能够协调这些极早出现的感知运动图式。

教师在观察到约瑟夫从他的婴儿床上往下丢东西之后，就和他一起做了上面的活动。约瑟夫表现出了一些对运动、空间、因果关系的认识。

当约瑟夫的目光追随下落的帽子时，可以看到他运动中的轨迹图式。约瑟夫表现出对垂直运动的兴趣，他的探索活动包括目光追随、反复尝试。通过身体前后的感知运动，约瑟夫解决了头上的网布问题。他以摇晃身体的方式表达他对这次经历的喜欢。越重复地玩，他就越喜欢这个游戏。

从 6 个月开始，婴儿会观察玩具从手中掉落的到达点，前提是所有的动作都在他的视野之内。

——玛丽·谢里登（Mary Sheridan）

其他的孩子做了什么

婴儿凝视物体，然后抓住、查看物体。他们会张口、摇动、向下扔、投掷和捶打物体。他们也会通过把一个物体放在另一个物体的上面或旁边、把玩具排成一队、拉开和关上抽屉、进门和出门、在楼梯和台阶上跑上跑下、在走廊里跑来跑去、打开或关闭开关、坐在手推车被前后推动等来探索垂直运动和水平运动。

学步儿通过投掷玩具来探索距离，在绘画和搭建物体中呈现垂直和水平的结构。然后，他们将逐渐把水平和垂直的线协调组合成十字结构和网格结构。

为儿童提供支持其特定图式发展的相应材料，例如给正在探索轨迹的孩子提供可以投掷的物品。

——《儿童早期基础阶段》（2008）

想象力比知识更重要。提出问题、提出新的可能性、从新的角度考虑老问题，都需要创造性的想象力，这样才能在科学上取得真正的进步。

——阿尔伯特·爱因斯坦（Albert Einstein）

资源和活动

探索活动

- 吹动羽毛、薄纸或薄纱围巾
- 制作简单的折纸飞机,看看它们是如何飞行的
- 制作简单的滑轮系统
- 向一个目标物投掷不同重量和形状的物体

无章法的游戏(Messy Play)

- 跑一跑,抓泡泡,在网络上查找泡沫的制作方法
- 用管子和漏斗在装有水的托盘里探索水是如何流动的
- 用湿海绵拍打物体的表面
- 用毛刷沾一沾或用滴管吸吸稀释了的颜料,往一面垂直的镜子上或一张夹在画架上的纸上刷/滴颜料
- 使用水泵、漏斗和塑料管子来制造水流
- 用滴管吸吸或用手指沾一沾有色水,从镜子上往下滴有色水

创造性游戏

- 在干净的喷雾瓶和可挤压的瓶子里装满稀释过的颜料,往不同颜色和不同质地的纸上喷洒颜料
- 折叠和装饰纸飞机,并投掷纸飞机
- 把一根绳子系在大的毛刷笔上,用钟摆动作进行绘画
- 在托盘里铺上纸,把玻璃弹珠蘸上颜料放在纸上滚动
- 制作简单的风筝、彩旗

启发性活动

- 在网络上搜索各种图片,如太空、风筝、飞行的图片
- 制作风筝、风车、彩旗
- 制作滑轮和钟摆

宝物篮

- 可以吹动的雪纺或丝巾类轻的东西
- 可以丢掷的羽毛、梧桐树翅果和落叶
- 可以捻弄、旋转、轻弹的长条织物
- 可以投掷、旋转和滚动的不同尺寸和重量的球

精细动作

- 试试简单的溜溜球类游戏
- 旋转、捻转、投掷铁环和绳圈
- 把小车或小球放入不同长度的管子里
- 拉着风筝和彩带奔跑
- 探索能弹跳的物体
- 用一把有韧性的尺,把纸质小球弹向目标物
- 在乒乓球上打洞并系上一定长度的橡皮筋进行实验
- 用乐高和拼装玩具制作直升机和小飞机
- 用吸管和胶带制作投掷时可以飞起来或旋转的很轻的物品

故事、童谣、歌曲

- 与儿童阅读《灯塔看守人的午餐》(The Lighthouse Keeper's Lunch)，并讨论滑轮
- 看看气球是如何在空中飞行的，分享杰兹·阿尔博拉夫（Jez Alborough）的《气球》(Balloon) 或米克·英克彭（Mick Inkpen）的《蓝气球》(The Blue Balloon)
- 如果想了解更多的飞行故事，可以试试杰兹·阿尔博拉夫的《会飞的小狗》(Some Dogs Do)，或者本·科特（Ben Cort）的《小猪变形记》(Pigs Can't Fly)
- 玩有弹性的东西，例如，凯特·杜克（Kate Duke）的《什么弹起来》(What Bounces)、朵琳·克罗宁（Doreen Cronin）的《弹跳》(Bounce)、斯蒂芬·金（Stephen King）的《埃米莉喜欢弹跳》(Emily Loves to Bounce)

户外活动

- 提供不同大小、重量和质地的软球和较硬的球用以弹跳、滚动和投掷
- 允许儿童安全地荡秋千和跳跃
- 在一个小型的蹦床上弹跳
- 将塑料水瓶装满水作为柱子，用一个小球进行简单的撞柱游戏
- 使用毛绒玩具和圆环设计一个投环套物的游戏
- 玩一玩塑料棒球或塑料的高尔夫球
- 上上下下拍打许多不同尺寸的球或气球
- 为自行车和其他轮式玩具创设赛道和曲道场地

材料与设备

- 苏茜·梅斯（Susie Mays）和安吉·塞奇（Angie Sage）的《怎么做风筝》（*The Usborne Book of Kites*）
- 风筝和彩旗
- 旋转球和简易的飞机
- 上网搜寻简单的纸飞机的模板

关键词

- 飞行、转动、转圈
- 滑行、漂浮、降落
- 高高地弹起、低低地落下
- 重、轻
- 降落、对准、起飞
- 秋千、钟摆、滑轮
- 上、下、快、慢、高、低

活动中的旋转图式

定义： 对可以转动的物品感兴趣，比如把手、水龙头、钥匙、发条玩具。当儿童跑步或骑着自行车转圈，或用颜料画画及在其他脏乱的游戏中呈现圆圈和螺旋的图案时，都可以看到这一图式。下页的图片中是一个男孩舞动丝带做出螺旋图案。

第 5 章　支持婴幼儿的图式游戏

发生了什么呢

当 3 岁的杰德来到照看他的人家时，她拿着一个已经撕破的透明水果袋，慢慢地做着圆周运动。之后，她开始画圆圈，在纸上画了一个杯碟大小的大圆圈。在大圆圈里，她又画了 5 个小圆圈，小到只有一便士那么大。她一边画，一边用另一只手做着相应的圆周运动。在做游戏的时候，她还会扭来扭去。在看书或抱着洋娃娃时，她偶尔会用手指绕头发。

照看她的人还注意到，杰德一边推着放有娃娃的婴儿车转圈，一边说："我们转啊，转啊。"同时，用她的双臂做圆周运动。

这个观察告诉我们什么

杰德在转圈运动中探索着周围的空间。通过自己的运动和动作来感知旋转，这使她能够更好地理解旋转的机制。这种图式贯穿于杰德的动作中，当她旋转身体和手推车，在画中画出封闭的线条时，都可以看到图式的痕迹。

旋转图式强烈地影响着儿童的感知运动和行为,这可以从他们所有的主动学习和游戏中观察到。在杰德的例子中,可以看到,这建立在她已知的旋转概念的基础上。

看护者可以介绍各种有趣的旋转例子,从旋转球到洗衣机,以及有关旋转的童谣,比如《一环一环的玫瑰花》(Ring A Ring of Roses)。

——约翰·马修斯(John Matthews)

毫不夸张地说,在情感及智力方面得到充分发展的童年,能够让孩子在本能的生物图式中尽情地游戏,有助于促进他们的大脑更充分地发展。

——西摩·帕佩特(Seymour Papert)

其他的孩子做了什么

感知运动的旋转图式在婴幼儿的游戏中经常出现。例如,婴儿坐着时会不停地扭转屁股、腿和脚,并且自己转圈,探索和发现如何利用物体和自己的身体进行圆周运动。有些孩子可能绕着柱子或杆子转,或者绕圈跑,直到头晕为止。用绳子拉玩具转圈、涂画圆圈、卷起纸或自己的画可能也是旋转图式游戏的特征。4岁的孩子经常用可旋转的零件制作东西,或探索弯曲的线条,或给他们的画作加个边框。这是高水平的旋转图式的体现。

第 5 章　支持婴幼儿的图式游戏

要想有效地教学，提供给孩子们的课程内容必须与他们的思维和能力相匹配。

——凯茜·纳特布朗

当孩子在做旋转运动时，就他们的运动向他们提问并与他们交谈，有助于教师深入地了解婴幼儿在探索中的感受。

成人有必要在真正的对话中通过适当的语言来扩展儿童的学习。只有成人对图式有所了解，并能理解孩子说的话时，真正的对话似乎才会更频繁地出现。

——玛丽昂·怀特黑德（Marion Whitehead）

资源和活动

探索活动

- 锁和钥匙
- 有发条的玩具
- 齿轮构造玩具
- 音乐盒和音乐类玩具
- 把一辆自行车带到幼儿园,儿童就可以探索大轮子了
- 用手和发条模拟钟表
- 各种螺旋物,如蜗牛壳、线圈、弹簧
- 各种各样的万花筒
- 足球摇铃、陀螺、地球仪
- 食物搅拌器和果汁机

无章法的游戏

- 让儿童按照简单的食谱和面
- 提供用于混合和搅拌的干的和煮熟的意大利面
- 将甩干器与颜料或者涂了颜料的玻璃弹珠一起使用
- 用旋转式搅拌器做泡泡水
- 将涂了颜料的球滚下斜坡或滚入戏水池中
- 在地板上铺上大张的纸,在纸上旋转涂了颜料的链子
- 使用各种各样的油漆滚筒

创造性游戏

- 混合和搅拌
- 丝带和丝带棒
- 激光唱机或老式的唱片机
- 将旧的光盘挂在衣架上或绳子上旋转
- 做简易的风车和螺旋风筒
- 烘焙瑞士卷或螺旋形奶酪饼干，或制作螺旋形的三明治
- 制作简易的万花筒
- 将水车轮放入水盘或水槽中

启发性活动

- 大轮子、伦敦眼
- 各种各样的环状交叉路
- 直升机、螺旋桨
- 螺旋滑梯和其他游乐设施
- 五朔节花柱舞

宝物篮

- 碗和各种勺子
- 转盘
- 手环和手镯
- 滚动和旋转的拨浪鼓
- 螺旋形的珠子摇铃
- 棉线卷筒

精细动作

- 用糖霜笔和软管在饼干上画螺旋图案
- 把球滚进盒子和篮子里
- 提供扳手和螺丝刀
- 螺旋玩具
- 有轮子的建构玩具,如乐高等
- 卷笔刀
- 手动缝纫机
- 搭建可用来滚动轮子、旧光盘、圆形容器盖、气雾剂顶部、卷筒的坡道和跑道
- 齿轮构造玩具

故事、童谣、歌曲

所有的转圈游戏都给人一种"转呀转"的感觉,让人在室内和室外都可以又唱又玩。例如:

- 《绕着桑树林走啊走》(Here We Go Round the Mulberry Bush)
- 《绕着村里走》(Round and Round the Village)
- 《巴士的轮子转啊转》(The Wheels on the Bus)
- 《围着花园转啊转》(Round and Round the Garden)

故事:

- 《我的一轮圆月和一颗星星》(One Round Moon and a Star for Me)
- 《巴士的轮子转啊转》
- 《像球一样圆》(Round Like a Ball)
- 《充满圆房子和方房子的村子》(The Village of Round and Square Houses)

户外活动

- 提供许多不同大小和形状的软球和硬球
- 将旧光盘滚下滑梯和斜坡
- 用颜料或粉笔在地面画圆圈或螺旋形状，让儿童沿着圆圈或螺旋形骑行、奔跑、打滚、跳跃和转圈
- 将绳子或轮胎悬挂在攀爬架或树上，儿童可以荡秋千和旋转
- 投环套物游戏
- 简单的环形道路
- 需要用到螺丝起子和手持钻的木工活
- 丝带棒、风车
- 在灌木和树上拴上绳子，在绳子上挂一些可以旋转的物件
- 注视梧桐树种子（像直升机一样）从树上掉下来

材料与设备

- 轻转轮
- 钓鱼竿卷轴、线轴、麻线、羊毛、绳子
- 手动缝纫机
- 锁和风扇
- 各种轮子

关键词

- 飞行
- 越来越快
- 环行
- 直升机
- 扭转
- 旋转
- 螺旋
- 转动
- 头晕
- 圆圈

活动中的围合图式

定义：对创建和占据封闭空间感兴趣。这可以从儿童的一些行为中看到，例如，他们把自己或物体包围在自己搭建的空间中。这个空间有时是空的，有时则可能装满东西。

发生了什么呢

教师观察到，本和奥利弗正在用长木板建造一个大的封闭区域，并用短些的木板填补缝隙。在封闭区域内，他们建造了三个垂直的空心结构。本在空心结构之间放置了两块木块作为间隔物，然后他们把更小的木块放在大的空心结构里。男孩们退后一些来审视着他们的建构物。奥利弗在一个垂直的建构物上又放了一块空心的木块。本告诉

> 他，他们只剩下一个大积木了。奥利弗移开了他刚放上去的空心木块，说那样太高了。男孩们拿来了汽车，将它们停放在另一个封闭的区域内，并建造了一个封闭的花园，用圆柱物代表植物、花卉和树木。

这个观察告诉我们什么

本和奥利弗在探索直线和角度。当他们解释自己的"工作"时，他们说围起来的区域代表他们居住的地方，即三栋公寓楼和周围的环境。本将两块木块作为间隔物放在空心木块之间，并确保它们之间的距离相等，体现了他对空间和测量的理解。

参与图式游戏的经验帮助儿童象征性地表达他们的想法、情感和观点。奥利弗表现出了对高度的认知和理解。本展示了对空间、间隔和距离的认知和理解。男孩们一起讨论把停车场和花园建在哪里，表现出对规划和绘图的理解。可以看到，本和奥利弗的图式遵循了一条特定的路径，包括创建和填充一系列不同的围合结构。

幼儿需要有丰富且深刻的经验才能做到"以物代物"。他们需要有机会利用自己在游戏中扮演的角色来归纳相应的行为，并在不同的行为模式之间进行转换。

——蒂娜·布鲁斯

其他的孩子做了什么

当幼儿开始连接不同的结构和围栏时，有时会看到他们正在建造"桥式围栏"。他们可能用笔直的和多角度的积木排成一排制作围栏。大多数建造围栏的儿童都是按顺序把围栏内填满。围合图式与轨迹、连接、包裹和定位图式有着密切的联系，教师经常能观察到围合行为与其他图式的结合。

当孩子们达到一定的"思维水平"时,之前在运动和表征阶段积累的所有经验都会被"提取"出来,成为思维的形式和内容。

——克里斯·阿西

资源和活动

探索活动

- 提供一个安静的角落,孩子们可以在那里建造一个能够进行反思或只是观看活动的舒适的空间
- 把一张床单盖在一个框架上,为一两个孩子创造一个"洞穴"或者"隐蔽的小洞",并提供地垫、毯子、毛绒玩具和故事书
- 帮助孩子们用网布或花边布做一个半透明的门

无章法的游戏

- 用小棍和小树枝在沙地上建造篱笆、道路和桥梁

- 把面团擀成面皮
- 把鞋盒变成房子或床，供娃娃家的人物使用
- 用石膏绷带缠在手上或脚上来创作雕塑
- 使用自然材料进行编织和筑巢
- 在非常潮湿的沙子里挖洞和隧道
- 用黏土做山洞

创造性游戏

- 制作手链和手镯
- 从商品目录上剪下手表或珠宝，贴在薄卡片上，然后将卡片用胶带粘在孩子的手腕上
- 制作边框和相框
- 描画孩子的体形
- 坐在一个圆圈的中心，用粉笔或颜料沿着圆边在地板上画出图案和图画
- 制作斗篷、帽子、面具
- 玩动物园和农场游戏，有人物、房子、篱笆、墙砖

搭建帐篷和隐蔽空间

- 毯子和网布
- 大纸板箱
- 弹出帐篷、凉亭、棚子
- 隧道、空心立方体、橱柜

宝物篮

- 戒指、手镯、手表、手链和项链
- 帽子和手套、纱丽、披肩
- 围巾、丝带、假辫子和闪光纸
- 绷带、手臂和膝盖护具

建构活动

- 为动物模型和玩偶制作篱笆、墙壁和围墙
- 购买一些大卷的硬纸板包装材料
- 建造一些墙壁、边沿、边界、弧线、曲线和桥梁
- 建造简易的棚屋
- 尝试用柳树枝和其他的结构性材料进行建构
- 用网布或半透明材料制作屏风
- 用大纸板箱做有门的洞穴
- 使用工作台和木工工具来建构围栏

故事、童谣、歌曲

- 传统的故事，如《三只小猪》(The Three Little Pigs)
- 关于隧道和桥梁的故事，如《蒸汽小火车托马斯》(Thomas the Tank Engine)
- 彼得·本特利（Peter Bently）和琳恩·查普曼（Lynne Chapman）的《方舟上的百灵鸟》(A Lark in the Ark)
- 《床上有十个》(Ten in the Bed)——倒着计数的押韵儿歌，有许多简单的假装游戏的机会

- 吉多·范·西纳顿（Guido van Genechten）的《小袋鼠和大世界》（Little Roo and the Big Wide World）
- 伊芙·萨顿（Eve Sutton）和林利·多德（Lynley Dodd）的《我的猫喜欢躲藏在盒子里》（My Cat Likes to Hide in Boxes）

户外活动

- 提供用于封闭空间、阻挡入口、搭建隐蔽空间的胶带和长丝带
- 用粉笔在地上画出区域和地点
- 在框架或晾衣绳上挂上织物，用衣夹或大铁夹子固定
- 为降落伞游戏创设一个圆顶
- 在大圆桶口和隧道口安上纸质的门或针织的门
- 用大纸板箱作为儿童自行车的车库和车棚，也可以作为躲藏的洞穴
- 用盒子、纸箱和其他可循环利用的材料为娃娃家建造小房子和小家

材料与设备

- 柳树枝、小树枝、藤条、酒椰树枝、苔藓、卡片和纸卷
- 不同类型的线、夹子、扣件和胶带
- 毛毯、窗帘和披风
- 纱丽、长布料/塑料
- 大纸板箱

关键词

- 关于位置和尺寸的字词
- 包围、包装、包含

- 安全
- 里面、外面
- 边界、边缘、边沿
- 角落、旁边
- 入口、出口
- 进来、出去

活动中的包裹图式

定义： 喜欢覆盖或包裹物品或自己，或者将物品放入袋子、篮子和容器中。有时，儿童会把自己裹在布料或衣服里，比如连衣帽、帽子、手套、斗篷，有时也喜欢用绳子或胶带包扎和固定物品。

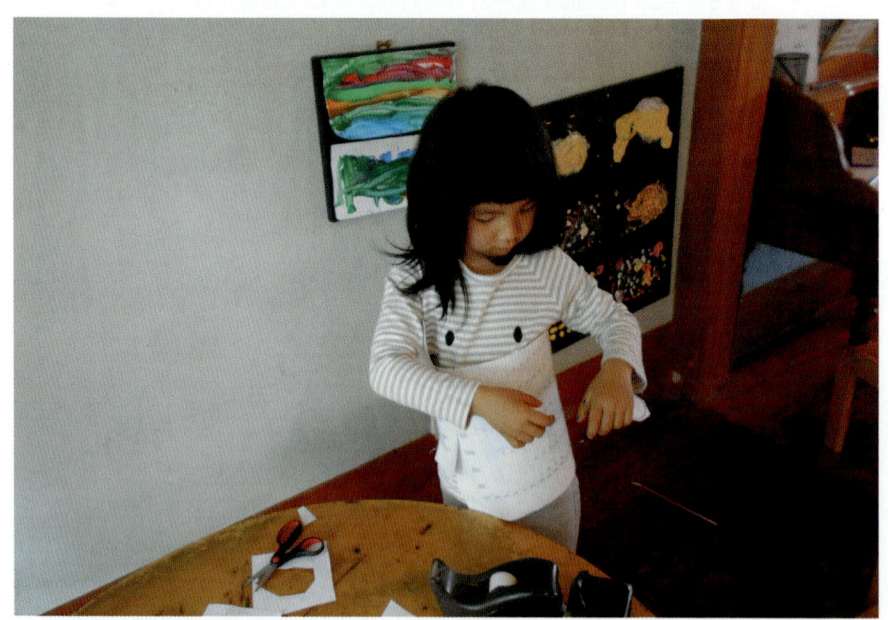

发生了什么呢

> 教师正在观察 3 岁的安娜贝勒，她穿着好几层的衣服。之后，安娜贝勒包装大大小小的盒子，并用封口胶带固定它们。她用封口胶带把一张纸完全盖起来。教师观察到安娜贝勒用棕色的打包带盖住了另一张纸。她把纸从头到尾都包起来，然后在上面盖上一张小一点的纸。她把大纸对折起来，然后对折胶带，变成了双面胶带！接下来，她用自创的双面胶带把对折的纸粘起来。最后，她把所有的东西都放进了她已经包装好了的盒子里。

这个观察告诉我们什么

儿童在一定的时间里探索世界的方式，通常是他们最喜欢的方式。图式是活动和想法的组合，这些图式形成了儿童当前的学习方式。

——珍妮·林登（Jennie Lindon）

在整个观察过程中，安娜贝勒使用了包裹图式。这可以从她的行为中看到，例如用层层的服装包裹自己、用打包带和包装胶带包裹盒子和纸。安娜贝勒正在探索隐藏、装扮和遮掩的概念。

她正在探索两种相关的探究活动，即盖住物品和盖住自己。安娜贝勒使用不同的材料覆盖整张纸，并用自己制作的双面胶带以确保小的纸张不会脱落。

儿童的图式可以被看作他们学习动机的一部分，是他们永不满足地运动、表达、讨论、提问和发现的动力。

——凯茜·纳特布朗

其他的孩子做了什么

有些儿童可能会把物品放进书包或钱包里,用毯子把自己裹起来就像被抱着一样,用一种颜色涂满一幅画,或者在图画上乱涂乱画。虽然他们再也看不到这幅画了,但他们知道它在颜料的下面。有些儿童可能会使用一系列的材料来包裹、覆盖、分层,用透明胶带和打包胶带包裹自己或家具,或者用小物件填满模型和建构物。儿童还通过穿戴鞋子、靴子或手套来表现包裹图式。他们在盒子或袋子里装满物品,或者往缝隙、洞和空格里投放物品,也喜欢隐藏物品和隐藏自己。

他们能够进入任何可以把自己藏起来的空间。

——克里斯·阿西

资源和活动

建构活动

- 玩传递包裹的游戏,包装假装的礼物,用塑料瓶装满板条箱
- 用纸张或小块织物填满大大的管子,以便推、拉、包裹或填充

- 试用各种纸、卡片、打孔机、装订绳、电缆扣和粘贴胶带
- 可用来扭转、旋转、包装和卷起来的长织物

无章法的游戏

- 制作面团和包裹
- 提供可以折叠的不同形状、厚度和类型的纸张
- 装满沙子、水、果冻、糨糊、面团、熟面团的容器
- 用有拉链的袋子或纸袋装满干面食、豆子、亮片、沙子
- 使用滚筒和大刷子在大盒子上刷上一层层的颜料
- 在冰块托盘里制作小小的水果果冻或水果方块
- 用细绳和色彩鲜艳的纸包裹气球,然后把气球浸泡在墙纸糨糊里

创造性游戏

- 将旧袜子填塞成蛇的形状
- 制作袜子和手套玩偶
- 制作袋子或盒子
- 制作能"揭开封面"的书籍和图片
- 提供制作面具、帽子和王冠的简单示例
- 提供大量的马克笔、信封、盒子、礼品袋
- 试着用很稀薄的颜料与少量的胶水或糨糊混合,然后一层层地涂在彩色玻璃纸或者描图纸上
- 戴上手套做手印
- 用透明胶带把图片包裹起来
- 一层层地拼贴材料

启发性活动

- 瓶子里的船
- 有钥匙的藏宝箱
- 折纸和折纸扇

宝物篮

- 可用于包装和覆盖的织物，如羊绒、棉花、毛皮织物、麂皮绒、缎子、羊毛织物、塑料、泡沫包装袋、网布窗帘、丝质围巾
- 套盒、纸版管子、眼镜盒、手提包、钱包、珠宝盒

精细动作

- 筑巢玩具和俄罗斯套娃
- 木桶
- 归类和摆放玩具
- 折叠、撕扯、剪切、粘贴、包装假装的礼物
- 有门和钥匙的玩具
- 用计算机的绘图程序创建层次
- 试一试记忆游戏
- 如玩偶盆这样会给人惊喜的弹出式玩具
- 把水果切成小块，然后用玻璃纸把它们包起来作为点心
- 用来装东西的钱包、盒子、小罐头盒、礼品盒或包装袋

户外活动

- 建造洞穴和隐蔽空间供儿童在里面玩耍
- 玩降落伞游戏
- 小毯子、布娃娃、毛绒玩具和婴儿手推车
- 大、小盒子和其他容器
- 用于收集物品的袋子、篮子、水桶、行李箱和箱子
- 用于挖掘和掩埋的树皮区域
- 装衣服的手提箱
- 斗篷、网布窗帘、纱丽
- 用报纸和胶带把玩具包起来
- 用于填充和排空的滑车和滑轮组系统
- 绷带、耳机、手套、帽子和围巾
- 娃娃家用的毯子和床单

故事、童谣、歌曲

- 《用五块砖头建一所房子》(Build a House with Five Bricks)
- 《大拇指》(Tommy Thumb)
- 《压扁的豌豆荚里有五颗大豌豆》(Five Fat Peas in a Pea Pod Pressed)
- 《蜂巢在这里》(Here is the Beehive)
- 《五个鸡蛋和五个鸡蛋》(Five Eggs and Five Eggs)
- 《珀莉有个小帽子》(Miss Polly had a Dolly)
- 阅读米克·英克彭的《基佩尔的玩具箱》(Kipper's Toybox)或者是约翰·巴明哈姆(John Burningham)的《购物篮》(The Shopping Basket)
- 把娃娃或毛绒玩具包在毯子里,然后唱《床上有十个》

材料与设备

- 网布窗帘、生存毯、用于伪装的织物或网布
- 俄罗斯套娃、嵌套玩具
- 长长的纺织物
- 降落伞、帐篷
- 透明纸和玻璃纸

关键词

- 下面、上面、在……之内、在……之上
- 此时、过去
- 上方、下方
- 藏匿
- 描述大小的词语
- 满的、空的
- 有形、无形
- 包装、拆散
- 透明、不透明

活动中的搬运图式

定义： 对到处移动和搬运物品感兴趣。一旦儿童能够走动了，他们就到处走动，并开始用袋子、自行车、玩具卡车等把物品从一个地方移到另一个地方。

第 5 章　支持婴幼儿的图式游戏

发生了什么呢

> 杰西选择了一辆木制卡车，想带他的朋友们在花园里转一转。他喜欢时不时地停下来让朋友们上下车。他告诉教师，他在玩"我是公共汽车司机"的游戏。后来，他又玩了一个游戏，他成了一个送货的司机。他把几桶水和一个袋子放在卡车后面，开着卡车绕过花园里所有的障碍，停在沙坑边，把一桶桶的水搬给在那里玩的朋友。他回到卡车上，开到花园的另一端去找他的朋友安杰拉，然后把她之前放在别的地方的包还给她。

这个观察告诉我们什么

杰西对要搬运的物品是有选择的，他把要搬运的物品与自己的角色相匹配：先是公共汽车司机，然后是送货司机。杰西的游戏有真实的目的且具有共性，即都与运送人和物品有关。杰西的动机显然是运送人和物品。当杰西把朋友们和水送到花园里的不同地点时，他正在探索距离、路程和速度。可以看到，杰西对搬运游戏的兴趣有一个特定的路径，即他在游戏中的所有行动都与路程和搬运有关。

> 儿童当前运用引人注目的图式的强烈程度是不容置疑的。
>
> ——莫莉·戴维斯（Mollie Davis）

其他的孩子做了什么

可以观察到，蹒跚学步的孩子会把他们的杯子或安抚他们的物品递给别人。他们可能想要把物品放进袋子里，或者从袋子或容器里把物品取出来搬运。也有儿童可能对任何可以推动的物品感兴趣，如婴儿车、玩具汽车和独轮手推车，或者把物品装进篮子、背包、袋子、玩具起重机和购物手推车后搬走。大一点的儿童可能会对某些游戏感兴趣，比如邮递员、送货司机、野餐或把扫把安在卡车上来清扫和运送树叶。也可以看到，他们把泰迪熊和玩具娃娃从童车、婴儿车和汽车安全座椅里拿出来，或者四处搬运木板、板条箱和砖头。令人恼火的是，儿童可能会从室内拿一些物品到室外玩，或者反过来，把沙子带进室内的娃娃家去玩。

> 当物体四处散落或者高高地堆在一起时，它们看起来是不一样的。即使外观发生了变化，但是它们的数量是一样的。搬运图式引入了数量的概念。
>
> ——蒂娜·布鲁斯

资源和活动

沙水游戏

- 向停在湿沙或干沙中的挖掘机、翻斗车和拖拉机里添加砾石、贝壳和卵石
- 在玩水游戏中用小船运送小砖头和小石头
- 在湿沙中用铲子和铁锹填沙和倒沙

- 用排水管做水道，让树枝和木棍漂浮
- 用塑料水壶和瓶子在户外运水

箱子和篮子

- 提供钱包、购物篮子、手推车、小手提箱、手提包、背包、拉绳袋
- 提供堆叠盒和容器，按大小分级，以便放入不同的物体
- 在圆圈时间，让每个孩子展示他们收集在袋子或篮子里的物品
- 用项链和串起来的珠子装满和倒空漂亮的袋子

户外活动

- 使用不同大小的手推车和盒子
- 用粉笔在地上画出小径、道路，甚至小迷宫
- 提供用于收集自然材料的小桶和袋子
- 用塑料水瓶装满旧牛奶箱，设计送牛奶的路线
- 用棕色纸袋收集种子、草、树叶和花瓣
- 提供砖块、原木、鹅卵石、假山石头、肥料袋子，让儿童用手推车进行搬运
- 提供用于运送桶和箱子的滑轮组、绳索和铁丝

婴儿专用

- 在一个闪亮的罐子里装满有趣的物品，然后拿出来，再换成别的物品
- 收集小的且容易打开的袋子和篮子，在里面装满小的毛绒玩具或其他物品
- 提供小购物篮和袋子

- 在钱包里装满颜色鲜艳且长度安全的绳子和丝带
- 提供容易滚动和移动的玩具
- 制作一个宝物篮，既可以用于填充和倒空，也可以用于探索活动
- 提供一个空的洗涤盆和塑料杯、汤匙、盘子

填充和倒空

- 用小勺子和铲斗把面粉、大米或豆类装满制冰块的小格
- 用靠垫和豆袋装满大盒子
- 把长长的织物塞进枕套里，再拿出来
- 用纽扣和亮片装满鸡蛋杯、蛋糕盒和其他有按钮的小容器，然后倒空
- 在不同的填充和倒空游戏中，使用塑料滴管和染料
- 用从商品目录册和杂志上撕下来的图片装满旧信封
- 在桌面或地板上用粉笔画小道和道路作为运输货物的路线

想象游戏

在娃娃家区域为婴幼儿提供许多可以用衣服装满或倒空篮子、用锅碗瓢盆装满橱柜的机会。

- 提供冷却了的茶，玩一玩真正的喝茶游戏
- 做一个假的洗衣机，装满衣服，再清空
- 将旧挎包或肩包装满旧信封，用于"邮递员送信"游戏
- 阅读有关搬家的图画书，并提供大纸板箱，让孩子们收拾和搬运毛绒玩具和其他轻的物品

故事、童谣、歌曲

- 苏珊娜·盖茨（Susanna Getz）的《泰迪熊搬家的日子》（Teddy Bears' Moving Day）
- 约翰·巴明哈姆的《购物篮》
- 坦娜·霍本（Tana Hoban）的《推、拉、空、满》（Push, Pull, Empty, Full）
- 朱莉娅·贾曼（Julia Jarman）的《盒子里的杰克》（Jack in a Box）
- 朱莉娅·贾曼的《红色大浴缸》（Big Red Bath）
- 《挖掘机和翻斗车》（Diggers and Dumpers）
- 杰兹·阿尔博拉夫的《开卡车的鸭子》（Duck in the Truck）

材料与设备

- 袋子、篮子和盒子
- 可以套叠起来的盒子
- 匙、勺子、小的容器
- 大的容器，如枕套、抽绳袋、大箱子和板条箱
- 制作冰块的托盘和分类托盘
- 推车、手推车、儿童独轮手推车、婴儿折叠车和婴儿车

关键词

- 里面、上面、下面
- 空的、满的、几乎空的、几乎满的、溢满的
- 过剩的
- 过去的、更多的、再次

- 进来、出去
- 开、关
- 相同、不同

活动中的连接和拆分图式

定义： 对连接和拆开物品感兴趣。这种图式可以从儿童的行为中看到，如连接火车轨道，把绳子绑在攀爬架上，对绳子着迷，甚至把自己的腿绑在一起。

发生了什么呢

德里克和米切尔今年都4.5岁。他们喜欢把回收的家用材料连接起来制造船只。米切尔发现了一块很长的木头，他小心翼翼地把一块较小、较窄的木头放在长木头上面，用钉子把小木头固定在长木头的中心位置。然后，他用锤子把两颗钉子敲平，这样钉子就弯到木头里去，不会戳伤人了。米切尔带着他的木制模型到美工区。德里克已经在那里了。他也用木头和回收材料建造了一个木质结构，还用了一个软木塞和一个空酸奶罐。德里克用胶水将他的木头粘在一起。米切尔找到一些胶水，并在他的木头上轻轻涂了两点，还在船上加了一个软木塞和一个闪亮的按钮。米切尔说："看，我做了一艘船，就像你的一样。"然后，男孩们开始谈论他们的船只。他们问教师是否能在船的一端钻个洞，这样他们就能在船上固定住绳子。教师答应第二天带钻孔机到幼儿园来。米切尔建议去水盘里试开他们的船。然而，当德里克和米切尔靠近水盘时，德里克的船散架了。米切尔帮助他把两块木头重新固定在一起，他们决定等胶水干了再去试航。

第二天，教师带来了钻孔机，并帮助男孩们钻了孔。米切尔和德里克把绳子穿过洞，然后出去把船放入水盘。米切尔看到德里克把船放在水浅的一端，他对德里克说："这没用。"然后米切尔把自己的船放进水盘。他先在较深的水中试了试，小船在那里漂浮着。他对德里克说："你放船的地方应该是今晚我们停船的地方。"

这个观察告诉我们什么

这个观察表明，连接图式支持了米切尔和德里克在制作船只模型时进行的象征性思考。米切尔用钉子连接船的各个部分，德里克则用胶水。当米切尔用钉子把木头连接在一起时，很明显地，他应用了他先前对胶水的认识和了解。贯穿他们游戏的基本图式是固定和连接。

如果儿童想要保存并与他人分享自己的经历、感受和想法，他们就需要表征他们的经验。当进行表征的时候，我们会用一个事物或符号代表另一个事物。

——贝尔纳黛特·达菲（Bernadette Duffy）

今天孩子在他人的帮助下能做的事情，明天他就能自己做。

——列夫·维果茨基

其他的孩子做了什么

婴幼儿可能对以下这些事情感兴趣，如把厨房或花园里的东西绑起来，把玩具绑在一起，用纸、胶带、绳子和订书钉把东西固定在一起。一旦孩子们探索了连接的概念，他们就会经常地分离或拆开物品，比如从汽车上取下一个轮子，或者从洋娃娃身上取下一个头或一条腿。蹒跚学步的孩子喜欢肢体接触，例如，大约从2岁开始，孩子可能想要牵着别人的手。5岁时，有些孩子可能想与朋友交换衣服、鞋子和手提包。

当幼儿第一次研究木工活时，他们可能会往木头上一个接一个地钉钉子。在这个活动中，他们很可能是在自己解决问题和进行练习。图式不仅是重复的动作模式，它们还与儿童现有的知识、动机、兴趣和喜好相关。

早期教育工作者在理解 2—5 岁的儿童方面发挥着尤为重要的作用。2—5 岁是形成基本概念的年龄。5 岁以下儿童的认知模式知识能够促进"学习连续性"专业知识的增进，因为早期学习可以为后期的学习奠定基础。

——克里斯·阿西

资源和活动

建构活动

- 利用天然建构材料，如小树枝、柳树枝、棕榈树叶、干草、软木塞、天然海绵、苔藓等进行探索、建造、编织
- 用锤子、铁钉、工作台、砂纸、卡片、麻绳等进行建构
- 建造桥梁——混合常规的建构玩具，如乐高、绳子、胶带、磁铁
- 用吸管、胶带、纸夹、蓝丁胶、磁铁等进行连接实验

无章法的游戏

- 研究瓶子里油和水的混合情况，可以加入颜料或食用色素进行混合
- 在干沙和湿沙中尝试建构管道、隧道和桥梁
- 在玩水时，在小物件上拴线或绳
- 探索玉米粉和水性糨糊
- 试着用稀释的颜料画出图案，用滴颜料滴的方法创造迷宫般的画面
- 在玩水时，用水管、软管、漏斗、水壶和水桶进行连接

创造性游戏

- 穿线和制作首饰
- 用具有不同纹理、材质和特性的材料编织和编辫子

- 制作纸链
- 用大大小小的废旧材料进行建构
- 提供胶带、缎带、绳子、松紧带、棉线卷筒、硬纸卡片和塑料片
- 用魔术贴和旧盒子做模型
- 制作可悬挂的移动装置，如一串串的旗帜和风筝

启发性活动

- 蜘蛛网、脚手架
- 地铁路线图、道路图、地图册
- 大的绳子球、羊毛绳球和羊毛球

宝物篮

- 装订绳、挂钩、橡皮筋、长的绳子和丝带、卷轴、管子和其他可连接的物品
- 钥匙圈和回形针、扣件、魔术贴、磁铁、弹性编织带、拉链、拴扣、穿线玩具

精细动作 / 创意

- 让人们手牵手连在一起
- 在建构、穿线、缝纫、编织中探索连接
- 建构火车轨道和复杂的道路
- 用胶带或粉笔铺设一条小路
- 用线在树枝上织蜘蛛网
- 用多米诺骨牌创建一个多米诺骨牌集合

- 使用绳子、胶带等制作汽车和火车的拖车
- 用吸管、蓝丁胶和大回形针制作剪贴画

户外活动

- 用大盒子和绳子制作带轮子的玩具拖车
- 用自然或人工材料进行编织
- 在篱笆和网状物中系和编织布料、缎带和天然材料
- 在一块柔软的地面上进行"两人三足"游戏
- 用手钻机或打孔机在小的木片或卡片上打孔,然后用绳子、棕榈树叶和麻绳把它们连起来
- 制作和使用晾衣绳
- 利用绳子和纸来建构跑道、桥梁和隧道(悬挂在攀爬架上)
- 在树上和灌木丛中用绳子或衣架悬挂用自然材料制作的移动装置

故事、童谣、歌曲

- 各种各样的圆圈游戏,如《黑黑的风铃草》(In and Out the Dusky Bluebells)、《一环一环的玫瑰花》《绕着桑树林走啊走》等
- 排排舞
- 同伴游戏,如划船
- 故事和童谣,如《跟着领头人》(Follow My Leader)或《一头大象出去玩》(One Elephant Went Out to Play)

材料与设备

- 纺织物、胶带、缎带、绳子
- 有纽扣的衣物
- 用于制造模型的扣件、装订绳、胶带、绳子、丝带、魔术贴、尼龙扎带、绳子
- 橡皮筋、莱卡、松紧带
- 木条、工具台、简易铰链、大螺丝钉、大钉子
- 日常用品,如时钟、可以拆卸的锁

关键词

- 建造、建构、连接
- 木头、塑料
- 分离、开、关
- 弯曲的、有弹性的、结实的、易碎的
- 结合、分开
- 系、扣、穿线
- 柔性的、刚性的
- 缝
- 重、轻

活动中的定位图式

定义: 喜欢仔细地将物品排成行或摆成图案以及找准自己的位置。当儿童把玩具、书籍或其他物品排成一行,或把它们放在另一个物品的上面、下面、周围、后面和旁边时,我们就会看到定位图式。

第 5 章　支持婴幼儿的图式游戏

发生了什么呢

> 4 岁的菲奥娜正在往一个空鸡蛋盒里摆放她挑选的宝石。她用粉色薄纸盖住盖子,并选了一些蓝色、绿色和紫色的宝石,在盖子上排列它们,例如把一块宝石放在另一块宝石的上面、后面和旁边。她拿了一根胶水棒和一些银色的星星,用她的食指作间隔,把星星粘在盖子的边沿上,排成一排。她往后站了一点,端详着她的盒子,然后从鸡蛋盒中取出所有的宝石,又把它们放回盒子里面。她剪下一个长方形的粉色薄纸,把它粘在盖子里面。接下来,她把宝石重新放在与原来完全相同的位置,再把它们粘在盖子的顶部。

图式不仅仅是身体动作或技能,还包括思想、概念、知识、语言标签等。

——理查德·格罗斯(Richard Gross)

这个观察告诉我们什么

菲奥娜喜欢把物品放在不同的地方。她把其中 4 块宝石直立地堆放，并喜欢从不同的角度审视自己的作品。

儿童的发展需要将事件内化到与环境相关的存储系统中。正是这个系统使儿童不断增长的能力可能超越他在单一场景中收到的信息。他通过利用自己有关世界的存储模型进行预测和推断来实现这一点。

——杰罗姆·布鲁纳（Jerome Bruner）

其他的孩子做了什么

有些孩子有时以一种特定的方式对物品或他们自己进行定位，比如在桥上和桥下移动汽车。之后，儿童可能会沉迷于定位，例如按照大小、颜色和形状来排列汽车、火车和家畜。他们也可能在绘画和创作拼贴画中，按顺序粘贴碎片，把材料摆成一排或用有序的线条进行绘画。大一点的儿童可能会画出一些不完整的画，并解释在门后或手提包里有东西。当他们在探索定位的时候，他们意识到有些东西可能在门后或手提包里，而不是不见了，有时这是一种新的意识。

所有的图式——无论是感觉运动的，还是认知的——都倾向于被儿童自发地应用或练习。这为改变提供了起点——如果图式不与新信息接触，它们就永远不会改变。

——查尔斯·布雷纳德（Charles Brainerd）

儿童的某些定位行为可能在家里或在某个环境中难以控制，例如，孩子坚持要一直重新排列或整理架子上或碗柜里的物品，或以一种特别的姿势站在超市的手推车上。父母和教师需要找到替代方式来允许孩子充分地探索他们的图式，因为无论如何，图式将驱动行为，不管教师或父母是否批准，他们都会做出图式行为。图式探索可以让儿童对自己产生一种价值感和自豪感，并激励他们去学习、探索和发现更多。

允许儿童继续做他们的图式行为可以被看作尊重他们变得感兴趣、兴奋和有动力的方式。

——丽莲·凯兹和西维亚·查德（Lillian Katz & Sylvia Chard）

有定位图式的孩子喜欢分类物品，把物品放在其他物品的顶部、边沿、周围和后面。

你可能会看到具有这种图式的儿童：
- 堆叠不太可能堆叠的东西
- 给玩具排队
- 在绘画或拼贴中用一层一层的表现手法
- 在架子或桌子的边沿平衡物体
- 在活动中，使用多个部件和小物件

具有定位图式的孩子可能喜欢：
- 为画作精心制作画框
- 对小物品进行排序
- 用拼贴材料制作马赛克
- 制作有许多形状的图画
- 使用钉板创作图案和形状
- 用磁性或木制的马赛克做图案和图片
- 隐藏和发现物体的游戏

关键词

- 在里面
- 在顶部
- 在下面
- 在后面
- 在两者之间
- 相邻
- 在前面

活动中的定向图式

定义： 喜欢从不同的角度看事物。例如，儿童倒挂在滑梯或攀爬架上，或把玩具倒过来看。

发生了什么呢

> 4岁的贾斯珀倒挂在花园滑梯的顶端，头朝下从滑梯上滑下去。之后，教师观察到他跑上了滑梯。他这样做了几次，直到教师让他停下来，因为这可能很危险。教师建议贾斯珀找到一种爬上滑梯的方法，而不是跑上去。贾斯珀开始慢慢地抓住滑梯的边沿，爬上滑梯，放低身体，以帮助保持平衡，并用手臂向上拉身体。用这种方法，贾斯珀用很短的时间就爬到了滑梯的顶部。然后他试图转身，但失去了平衡，最后只能趴着滑了下来。教师观察到贾斯珀似乎很喜欢这种方式。他又爬上了滑梯，爬到滑梯顶端时，再次试着转身以便仰面躺着，但最后还是趴着滑了下来。贾斯珀尽管不能转身仰躺，但还是很喜欢趴着滑下来。

这个观察告诉我们什么

在这个观察中，贾斯珀用滑梯的顶部作为他观察周围环境的地方。他尝试着运动和调整方向，而且有很好的协调能力，能够用富有想象力的方式解决上滑梯的问题。此外，他还能练习新的动作。教师判断出，跑上滑梯可能使贾斯珀面对危险，同时也认识到他需要扩展自己的游戏。

良好的看护至关重要，我们应该给予儿童一定的自由，同时也必须帮助儿童了解自身的局限性以及行为的后果。
——彭妮·塔索尼和卡伦·塔克（Penny Tassoni & Karen Tucker）

要鼓励幼儿探索的独立性，尤其是他的运动模式，有时也被称为图式。
——《儿童早期基础阶段》（2008）

其他的孩子做了什么

当婴幼儿四处走动时,定向游戏就发生了。他们需要运动来增强肌肉的力量,因为这样他们就可以控制头部、手臂、手、脚和腿。例如,人们经常看到婴儿疯狂地扭动身体。当婴儿仰躺、趴着、坐着、爬行、站立、走路,或者被放在小推车里推着走时,他们将开始从不同的角度看世界。当一个有明显的定向图式的婴儿开始爬行时,可以观察到他们以极度的自信和良好的协调性向后移动身体来跨越障碍,爬下楼梯。还有一些儿童在草地上用手和膝盖爬行,而在碎石小路上则改用手和脚爬行。

促进儿童健康发展的最重要的因素是,成人应该意识到儿童已经掌握的技能,并为他们提供大量实践这些技能的机会。

——蒂娜·布鲁斯和卡罗琳·梅吉特(Carolyn Meggitt)

尊重每个儿童所专注的事情,并为他们提供时间去探索和练习运动。

——《儿童早期基础阶段的课程指导》(2008)

有定向图式的孩子喜欢从不同的角度看事物,你可能会看到他们:

- 把东西倒过来看
- 查看物体的底部
- 自己倒挂着观察其他孩子玩耍
- 弯下腰从不同的方向看世界,包括从自己的两腿之间去看事物

有这种图式的孩子可能喜欢:

- 万花筒

- 镜子游戏
- 放大镜
- 双筒望远镜
- 制作窥视孔
- 邮政信箱

参与定向图式活动的孩子可能喜欢：

- 钟摆
- 随着音乐或诗歌像动物一样移动
- 攀爬、荡秋千
- 翻筋斗和倒立
- 可以悬挂、翻滚和荡秋千的低矮棒杆
- 安装在特殊地方的镜子，如地板或天花板上

当孩子们在户外的时候，给他们提供很多可以滚动、摔到、攀爬、扭动和旋转的机会。

关键词

- 上下翻转
- 扭动
- 向后
- 滚动
- 越过
- 在……下面

第6章
不止一种图式

本章探讨了这样一种情形,即儿童在活动中会表现出多种图式,有时是两种图式,有时是多种图式。许多专家相信,大多数儿童的图式游戏都同时包含着多种图式。

当观察到婴幼儿在他们的游戏和探索活动中表现出不止一种图式时,这些图式通常被称为"图式群"。关于图式和图式群最具影响力的研究是由安妮·米德和帕姆·库贝(Pam Cubey)于1995年在新西兰进行的一项研究。在新西兰教育研究委员会的资助下,她们对3—5岁儿童的图式和图式群进行了研究,并将研究成果发表在《思考的儿童:学习图式》(*Thinking Children: Learning About Schemas*)一书中。

她们想探究图式是否是一个一个按照顺序地发挥作用的,她们的研究结果为早期教育工作者提供了一个重新认识图式发展的视角。在这项研究之前,人们认为儿童的每个发展阶段是以某一种单一的图式为主导的,而该研究揭示了图式经常是成对或成群地发挥作用,从而形成一个图式群网络,并随着婴幼儿学习和兴趣的变化,不断地此起彼落,组成图式群,然后又重组新的图式群。

图式群有时看起来活跃,主导孩子的行为,有时又似乎进入了冬眠状态。

——蒂娜·布鲁斯

研究还揭示了儿童学习环境的重要性——人们的互动和社会文化似乎对图式群的发展和协调有重大影响。随着儿童的发展,他们的图式群开始一起发挥作用,这使得儿童的思维和动作水平要远高于只有一种图式发挥作用时的水平。

例如,当轨迹图式成为一个图式群的一部分时,儿童的思维和动作会聚焦于直线上——向上、向下或从一边到另一边、从一点到另一点。一旦孩子分别探索了水平线和垂直线,那么他就经常继续使用这些线条形成交叉、网格、对角线或"之"字形。接着,图式群就出现了,儿童开始用线条勾画围合的形状。持续的活动和相关的思考促成大脑神经系统内更多、更复杂的联结。

第 6 章 不止一种图式

有时可以观察到，幼儿关注一个特定的图式，而大一点的孩子的学习则会同时协调多个图式。图式之间的协调和联系的出现，标志着学习的重要发展，在所有这样的阶段中，图式的组合和协调推动着更高水平概念的发展。

——凯茜·纳特布朗

儿童由中心向外把物体摆成放射状，或者画出由中心点延伸出去的线条，这些行为通常被描述为"核心和放射"，这种情况经常出现在儿童探索旋转图式并发现了轨迹和围合的联系时。在儿童的绘画中经常可以看到由中心向四周放射的图像，例如：

- 长着头发的头
- 手指和脚趾
- 彩虹
- 有花瓣的花朵
- 有腿的蜘蛛
- 眼睫毛
- 太阳的光芒

幼儿可能以上下乱画和画圈圈的涂鸦方式开始这一图式。然后，他们开始探索小圆点、直线，继而开始围合、连接和掩盖涂画的痕印。

在实践中理解这个图式的表现方式及其动态的发展过程，尤其在制订针对一名或多名婴幼儿的活动计划时，可以为教师提供有价值的工具。通过讨论儿童正在做的事情，提供一系列的材料来鼓励他们的操作，并记录正在发生的学习，教师可以积极地参与活动。

图式是相关行为构成的模式，儿童可以在各种情境中归纳并运用它们。最好把图式看作由一组结合在一起的图式构成的图式群。

——蒂娜·布鲁斯

教师可以利用这些观察到的图式为具体的活动制订计划和提供资源。

当儿童的想法和思考促使大脑形成更丰富的联结时，其他的图式群将会出现。其中，包括轨迹和连接、搬运和填充、转换和围合的组合等。下面是活动中出现的多个图式组合的例子。

核心和放射

> 5岁的乔伊和艾丽斯在画人物，她们从人物肚脐上画出放射状线条，她们说这些放射状的线条是人体的腹部文身。

轨迹和连接

> 5岁的杰克被观察到正在连接木头。他把一块块木头像阶梯一样以"之"字形拼在一起。教师观察到，杰克用10根钉子艰难地连接这些木头。然后，杰克用锤子把每个钉子敲进木头，这样钉子的头就完全平了。

搬运和填充

> 3岁的艾莉森对任何可以推动的东西都很着迷，比如婴儿车、手推车和独轮推车。无论去哪，她都很喜欢随身带着包或篮子。教师观察到，艾莉森在包里装满了各种各样的东西，并把这些东西从一个地方带到另一个地方。后来，教师通过观察发现，她对要推或带的东西

是有选择的，她已经开始将东西与她扮演的特定角色相匹配，比如婴儿车里的娃娃是妈妈抱出去的，包里的信件和信封是给邮递员的。

包裹和填充

4岁的蒂娅喜欢装扮，戴着帽子，穿上鞋子，拎着装满零零碎碎东西的手提包。教师注意到，她开始做许多大大小小的包裹。例如，她在盒子里装满了纸片，并用胶带把盒子和纸管包裹起来。

转换和围合

4岁的塞蕾娜和安被观察到将颜料混合成粉色、绿色和紫色。她们把混合好的颜料倒入她们用线和胶带封好的瓶子里。

旋转和定位

3岁的亚当正在幼儿园的一个大纸板箱里玩。他在箱子里一边一圈一圈地旋转着，一边说："我一圈一圈地转。"然后，他拿起一把扫帚，回到刚才的箱子里，握住扫帚柄，让扫帚转圈，并说："我来接住你。"

正如你将看到的，发现、观察、记录和解释复杂的图式群可能十分困难。但当教师观察婴幼儿时，他们看到和记录的那些似乎令人困惑的行为背后都有其原因。在认识到图式行为是复杂的之后，教师也许希望自己能够灵活地回应孩子的图式行为。

持续观察和评价婴幼儿的行为、兴趣和发展是教师工作中不可缺少的一部分。它能够提示教师应该计划和提供什么来扩展婴幼儿处于发展中的兴趣。

英国《0—3岁工作指南》（Birth to Three Matters Guidance）向我们介绍了"观察、倾听、记录"的概念。要在同一时间进行观察和记录是困难的，即使是对经常观察的教师来说也是如此，而且重点关注那些值得记录的内容的难度更大。《0—3工作指南》建议，教师应该先观察，然后倾听，接着（在思考片刻之后）记录重要信息。

教师需要发展和完善自己的观察技能，这样有助于他们很快地记录婴幼儿的图式。我们可以观察到，1—3岁的孩子一次又一次地重复一个动作，比如在低矮的台阶上爬上爬下，或者在矮墙上走来走去。18个月到2岁的婴儿在玩日常物品的游戏中就开始表现出他们的图式动作了。例如，他们可能通过旋转碗来假装驾驶汽车。这就是符号表征，标志着婴幼儿发展中的一个有重要意义的阶段。这一阶段的孩子可以用一个事物代替另一个事物（如把牙刷当作梳子、把树叶或石头当作钱、把盒子当作船）。大约3.5岁的孩子就会被观察到使用蒂娜·布鲁斯称为的"功能性依赖"（例如，在他们的假装游戏中打开炉子，因为他们观察到做饭需要点上炉子）。

婴儿看到不同事物时的反应，以及他们对躲猫猫之类游戏的反应，都应该记录下来。在观察中，应该记录婴儿对触摸和抓取事物的兴趣，他们如何使用感官和动作进行探索，哪些玩具最能让他们兴奋，以及他们与不同的人产生了什么样的依恋。所有的这些都为婴儿的学习与发展提供了有价值的信息。

仔细观察游戏中的幼儿就会发现，他们发现世界的方式与科学家探索新现象和验证新想法的方式相同。幼儿可能无法用语言表达他们头脑中形成的新想法，但仍可以通过简单且科学的探究活动，将类似的探索过程应用到物体和事件上。

——吉利恩·罗登（Jillian Roden）

教师的重要作用就是观察儿童，这样他们就可以：

- 发现儿童的兴趣和图式；
- 识别儿童的发展阶段；
- 确认儿童喜欢的学习方式；
- 为所有领域的学习和不一定每天都会出现的经历制订计划。

教师越了解每个儿童，就越能够有效地为一名或多名儿童精选适宜的课程内容。

——克里斯·阿西

当做观察记录时，教师应该记下他们看到、听到的信息，而不是他们所想的内容。并不是每一个细节都需要被记录下来，但是应该注意描述婴幼儿的非语言交流，记录他们的相关话语。教师应该等到观察完成后再问自己："就孩子的学习与发展而言，哪些是重要的、有意义的、新出现的或与以往不同的？"

观察使教师能够：

- 理解和重视婴幼儿的学习与发展；
- 尊重儿童的独特差异；
- 以儿童的已有经验为基础，扩展他们在语言和思维上的兴趣；
- 计划动态的、富有挑战性和互动性的游戏以支持和扩展儿童的思维；
- 与父母、看护人员和其他专业人士进行合作。

教师需要明白，在支持和扩展婴幼儿的学习与发展过程中，教师自己和学习环境都起着关键作用。例如，孩子尝试着用颜料涂满自己的手和手指时，就需要一位可以支持他学习，并能够提供一系列其他可用于涂满手和物体的材料的教师。学习环境对儿童发展的影响是强有力的，因为环境会对儿童"说话"，儿童会解释"环境"说了什么。具有丰富刺激的环境有助于图式的出现，并能够为婴幼儿的图式游戏提供充足的资源。

第7章 观察、倾听和记录

幼儿一学会说话，就会不停地用语言或手势来表达疑问——"怎么了？""是什么？""为什么？""什么时候？"观察儿童的游戏使教师能够基于儿童的行为和符号表征情况向儿童提问。敏感的提问能使教师理解儿童在想什么，也能帮助儿童扩展他们的想法。

以儿童的具体兴趣为基础，通过增添资源使他们保持努力，扩展活动。

——《儿童早期基础阶段》

图式的重要性在于，它提供了一种分析"孩子处于发展的哪个阶段"的系统方法，并且有助于预测孩子的兴趣。

——蒂娜·布鲁斯

> 4岁的纳撒尼尔正在和一组孩子玩道路施工游戏。他和他的小组一起收集和运输板条箱，移动"A"形框架和木板，创建一个封闭的空间。然后，他拿了一些黑色的包糖纸，把单张的包糖纸排成一个长列，放在围栏中间。接下来，纳撒尼尔带着另外一个孩子一起进了花园，

> 不一会儿，他们带着石头和草回来了。他们把石头和草放在包糖纸上，"我们挖了个洞，"纳撒尼尔告诉他的老师。

以下是教师基于对纳撒尼尔的观察而产生的一系列与纳撒尼尔的兴趣相关的问题：

- 纳撒尼尔目前正在探索的是什么？
- 他表现出了哪些图式或图式群？
- 他有什么样的亲身经历使他对"道路施工"产生兴趣？
- 对于他的兴趣，你会和他的父母讨论些什么（你会使用纳撒尼尔在活动中的照片吗）？
- 你打算在接下来的几天里提供哪些活动和资源来扩展他的思维？
- 你将来还会和哪些孩子一起参加这些活动？为什么？
- 你如何知道新的资源和活动是否成功地发挥了作用？
- 你能计划一个由成人发起的活动来扩展纳撒尼尔关于道路施工的知识吗？

通过对图式的观察和识别，教师可以理解儿童正在做的事情。那些看起来缺乏专注力的行为，最终也可能会展现出一个明晰的方法论。

——玛乔丽·乌弗里（Marjorie Ouvry）

所有的计划都是从观察儿童开始的，从而理解和考虑他们当前的兴趣、发展水平和学习情况。

——《儿童早期基础阶段》（2008）

蒂娜·布鲁斯在她的《儿童早期的游戏时间》（*Time to Play in Early Childhood Education*）一书中为教师提供和描述了婴幼儿自主游

戏和主动学习的 12 个特点，教师可以利用这些特点来评价或评估自选活动中的婴幼儿。

1. 自由－自主游戏是一个没有结果的主动活动过程。
2. 自由－自主游戏由内在动机驱动。
3. 自由－自主游戏不会因外部压力而遵从规则、目标、任务或既定的方向。
4. 自由－自主游戏是关于"假设"及"好像"的可替代的世界，有益于游戏者到达最高的能力水平，包括想象力、独创性、创意和创造力。
5. 在自由－自主游戏中，游戏者往往沉醉于自己想法、感觉和关系中，但需要不断地反思并察觉自己的所知，即元认知。
6. 自由－自主游戏会调动起先前的直接经验，包括努力、操作、探索、发现和练习。
7. 自由－自主游戏是持续的，当游戏充分地、顺其自然地开展时，可以帮助我们在现实生活中提前做好一些确实需要做的准备。
8. 在自由－自主游戏中，我们可以运用已经具备的专业技能来增强自我掌控感。
9. 自由－自主游戏可以由孩子或成人发起，但如果由成人发起，他就必须特别注意特点 3、5 和 11。
10. 自由－自主游戏可以是独自一人的游戏。
11. 自由－自主游戏可以是与伙伴一起进行，或者与一组成人或儿童一起进行，其成员相互之间能敏感地感受到彼此的需要。
12. 自由－自主游戏是一种整合学习的机制，它把我们所要学习、了解、感受和理解的东西整合在一起。

教师需要增进对自由-自主游戏的特点和内涵的理解，这将有助于教师深入地洞悉儿童的兴趣水平及其内在的动机。

优质教学的基础是细致的观察。

——蒂娜·布鲁斯

评价方法

有许多不同的方法可以用来观察和记录婴幼儿的行为和学习。一些最常用的方法如下。

1. **对个别儿童的抽样观察**。运用这个方法，教师可以准确获悉儿童在一段时间内、不同情景下所获得的发展。
2. **使用数字磁带录音机**。这是评价婴幼儿语言和沟通能力发展水平的好方法。
3. **检核表**。检核表能够提供儿童发展的大概情况。教师如果具备良好的儿童发展专业知识基础，使用检核表就可以对儿童发展的概况有所了解。
4. **聚焦于被观察者**。这种方法能够使教师集中关注一个特定的兴趣或图式，或让不同的成人同时观察一个孩子可以在不同活动中的表现。
5. **叙事观察**。叙事观察记录孩子在短时间内所做的每一件事，教师能够记录儿童学习与发展过程中有显著意义的进步。
6. **学习日记**。教师每天以日记的形式记录儿童的学习情况，并可以让儿童带回家与父母分享，这有助于儿童与父母、教师一起反思他自己在游戏中的收获。

7. **轶事记录**。轶事记录有助于教师记录儿童的自发学习及其发展。
8. **照片、视频和录音**。利用儿童的照片、视频和录音是非常好的方法（但需要花费更多的时间），有助于教师证实自己用其他方法获得的观察结果。

《儿童早期基础阶段》提出了一个以游戏为基础的理念。它强调每个儿童学习历程的"独特性"，并提倡把对儿童游戏的持续性评价作为学习与发展过程的组成部分。它规定早期教育工作者应该做到：

- 系统地观察和评价每个孩子的成就、兴趣和学习风格；
- 利用观察和评价来识别每个孩子的学习优势，并为每个孩子制订富有激励性的学习活动计划。

教育机构必须确保教师观察儿童并对儿童做出适宜的回应，以帮助他们从出生开始，向着早期学习目标不断进步。

——《儿童早期基础阶段》（2008）

教师需要有能力为婴幼儿的学习活动进行计划和提供资源，以扩展和支持婴幼儿的游戏和主动学习。下面为教师提供了一些有关观察、追踪观察内容、提供资源的示例。

> **示例1**
>
> 教师看到了什么
>
> 我看到15个月大的萨夏拿着棉线盘转动。她把手指伸进棉线盘末端的洞里，然后在手指上转着棉线盘，一圈又一圈，让它掉下来。我想，这是一个旋转图式。

教师建议跟进的活动

大家一边唱儿歌《转起你的手》(Wind the Bobbin Up),一边做动作;然后,教师提供一个长长的硬纸筒和乒乓球,让乒乓球在硬纸筒中滚动,或从硬纸筒中落下。

材料提供

硬纸筒、乒乓球。

示例 2

教师看到了什么

26个月大的奥利维娅在托儿所里围着一个小花盆一圈一圈地走着、跑着。

教师建议跟进的活动

下次,再看到奥利维娅做这个活动时,我会加入她的游戏,和她一起唱儿歌,如《围着花园转啊转》《绕着桑树林走啊走》《绕着村里走》。我还可以带一个激光唱机和一张童谣光盘到花园,并给她一条雪纺围巾,让她挥舞着围巾转圈。

材料提供

激光唱机、童谣光盘和雪纺围巾。

示例 3

教师看到了什么

30个月大的格雷格用他的食指在干燥的沙子上画出图案。

教师建议跟进的活动

在接下来的几天里,我们将在创意区提供手指画和泡沫游戏,并观察格雷格的反应。

材料提供

用于手指画的颜料、制造泡沫的材料。稍后再增加棉签。

示例 4

教师看到了什么

36 个月大的莫伊拉正在往一个袋子里装娃娃家里所有的炊具。接着,她把这些东西拿到外面,放在野餐的毯子上。然后,她又把它们都收好,带回来。

教师建议跟进的活动

在玩娃娃家的游戏中添加一些不同类型的袋子和容器——钱包、购物袋、小篮子、信封,以及一些干糨糊和其他可以用来装干糨糊的物品。我们也可以设置一个商店。

材料提供

更多的篮子和其他容器。干糨糊、豆类、真正的蔬菜等。

示例 5

教师看到了什么

46 个月大的泰勒沉迷于连接新的拖拉机和拖车。他不停地连接和断开它们,拖拉机只开了一小段距离就停下。他下了车,拆开拖车,再重新装上。他花了将近半小时的时间玩这个游戏。

教师建议跟进的活动

我们可以把磁悬浮列车、汽车跑道和玻璃弹球放在明显的地方，让孩子们看到它们，以此提醒泰勒。我们也可以在小组时间里用这些玩具来让所有的孩子都知道如何组装它们。也许泰勒可以为大家做演示！

材料提供

火车和汽车的轨道，玻璃弹球的跑道（我们还需要更多的玻璃弹球吗）。

示例6

教师看到了什么

22个月大的汤姆正在一个扶手椅上爬上爬下。后来，有教师看见，他站在一辆可以骑行的玩具小汽车的车顶上，然后把一个靠垫放在另一个靠垫上，看自己能堆多高。

教师建议跟进的活动

我将阅读阿南西[1]的故事，和孩子们讨论蜘蛛的不同爬行方式，然后提供一些盒子和梯子供儿童攀爬。

材料提供

"A"字形框架、梯子、盒子。

示例7

教师看到了什么

4个月大的基亚正坐着观察其他孩子，同时把大拇指放在嘴里，另

---

[1] 阿南西，加勒比海地区传说中的一个角色，是一只有着人头的蜘蛛。——译者注

一只手搓着毯子。这可能是轨迹图式的开始。

教师建议跟进的活动
我会在她旁边的篮子里放一些毛茸茸的布料、闪闪发亮的纸和皱纸。

材料提供
毛茸茸的布料、闪闪发亮的纸和皱纸。

示例 8

教师看到了什么
9 个月大的海茨坐在地上玩着 6 个柔软的立方体。他用两只手查看这些立方体,又把它们放进嘴里吮吸。他一遍又一遍地高举胳膊,把立方体举起来,然后再把它丢下来。

教师建议跟进的活动
接下来,我们会让海茨抓、挤压、投、丢下一篮子软球、豆袋和其他柔软的东西。

材料提供
不同大小的塑料球和橡胶球、乒乓球、豆袋。

《儿童早期基础阶段实践指南》列出了观察和记录儿童在六个发展阶段学习情况的技巧:

为了促进儿童发展,教师需要了解儿童知道什么、理解什么和能做什么。通过观察儿童,在必要时记录他们的收获,教师可以对儿童的发展做出专业的判断,并决定下一步的学习活动安排。教师还可以与父母交流孩子的进步情况。这一过程通常被称为"为学习进行的评估",是提高儿童成就水平的关键。

——《儿童早期基础阶段》(2008)

观察儿童的游戏过程,以一种简便的方式记录观察到的信息,并利用这些信息来计划材料的投放,设计小组活动,从而确保儿童的学习建立在他们的已有经验和能力的基础上,把他们带到维果茨基的"……最近发展区——儿童独立解决问题的能力与在成人帮助下解决问题的能力之间的差距"。

第 8 章
用图式做计划的实践案例

大家早就熟知把对儿童游戏的观察纳入下一步计划中的做法,但把当前儿童图式的有关信息加入计划之中的做法并不常见。本章将介绍,两位早期教育工作者在英国诺丁汉的梅里韦尔幼儿园一起工作时,根据图式游戏以及儿童的兴趣制订活动计划的方法。

莉兹·马格劳和莉萨·海斯,一位是主班老师,一位是副班老师,在诺丁汉郡中心创建了一个非常特殊的地方。梅里韦尔是一个由地方政府管理的真正的城市幼儿园,成千上万的汽车和卡车从附近的立交桥上呼啸而过,具有嘈杂的交通噪声和严重的污染问题。但是,在这样一个与理想地点相去甚远的地方,却诞生出一片绿洲。由于地方当局教育改革,幼儿园现已关闭,孩子们已经被分散到该地区的其他地方。

梅里韦尔幼儿园不仅仅是一座建筑物,它还开发了一个小型的、有益于互动的、千变万化的户外空间,包括音乐区、圆锥形帐篷、感官花园、索桥、树屋、"黑暗"小屋、可移动的剧院舞台、柳树隧道,以及种植水果、蔬菜和香草等的小园地。但是,梅里韦尔的特别之处是,孩子们是各处环境的领导,他们自己规划室内外空间,并决定如何使用这些空间。这种管理方式来自对儿童图式的观察和考虑。

孩子们每周都要在林地里度过一段时间，体验各种各样由成人和儿童主导的森林活动。然而，即使是在户外，孩子们也是所有活动计划和反思的中心。

在本章中，莉兹和莉萨论述了从图式出发制订支持图式发展计划的价值，并探讨了进一步扩展该方法的可能性。他们一步一步地解释了如何基于图式进行计划，以及如何反思和评价。他们也反思了，基于图式的计划是如何促使教师拥有满足所有儿童需要的实践能力，包括那些有特殊需要的儿童。

莉兹和莉萨所描述的图式和计划

把图式作为我们计划的一部分的决定，来源于反思和评估我们的教育实践的质量和有效性的过程。我们发现，我们往往倾向于计划由成人主导的活动，以致不能对孩子的学习做出有用的相关观察。因此，作为努力促进儿童个性化学习过程的一部分，我们决定整个团队要运用图式为梅里韦尔幼儿园所有的儿童制订计划。我们强烈地认为，这将使我们能够更清楚地辨识每个儿童的学习模式。

经过团队成员的深思熟虑，我们决定重新把注意力放在为孩子做准备上，使得成人能够：

- 确保孩子每天在室内外之间自由进出；
- 进行更高质量的观察；
- 进行更深入的介入；
- 进一步支持儿童思维的扩展。

我们旨在聚焦观察，从而提供为拓展儿童的学习，获得制订计划所需要的有质量的、详细的信息。

我们的经验

所有教师都已经熟悉并了解了基于大脑的学习和学习方式，考虑了每个孩子偏爱的学习风格，并且专门识别了视觉、听觉和动觉学习者。此外，我们亦提供进一步的帮助，让教师发现并了解自己的学习风格，以及它如何影响他们自己的教学风格。

我们也意识到，运用儿童的图式有助于实现我们的目标，即提供整合性的、广泛的实践活动，鼓励儿童独立性的发展，让儿童主导自己的学习，自信且自主地推进和鹰架自己的学习，从而增强个性化学习。因此，成人扮演了"学习伙伴"的角色，不再是传统的"指导者"。

我们要确保广泛性的理念深深地根植于我们的教育实践中，根植于教与学的每一个方面，让所有的儿童都有机会进行学习，支持儿童在所有领域的发展。例如，他们可以定期做瑜伽，在互动中体验音乐和感知声音，在教育中感受运动和声音（Exercise and Sound in Education，简称为EASIE）的活动。

这样做不会导致"一刀切"的体系。它为儿童提供了机会，儿童以自己当前的发展阶段为基础进行学习，也相应地为成人的工作提供了目标。与任何改革一样，我们的新方法需要所有人员的完全认可，并通过适宜的方案对所有人进行培训，以保证他们具备相应的知识和信心，增强队伍的凝聚力和团队精神。我们通过深入研究有效学习和教学的特点，并将其与我们现有的实践和工作方式联系起来，从而开启了这个培训过程。

我们阅读和研究了包括费雷·莱维尔（Ferre Laever）、维维安·嘉辛·帕利（Vivian Gussain Paley）、霍华德·加德纳（Howard Gardner）、阿利斯泰尔·史密斯（Alistair Smith）、丹尼尔·戈尔曼（Daniel Goleman）、丹尼尔·休斯（Daniel Hughes）和克里斯·阿西的著作以及新西兰的"编席子"课程。这些文献资料影响了我们思考和期许的方向。我们还深入地参与了森林学校的活动，这对我们的教育方法产生巨大的影响。此外，英国教育与技术部（Department for Education and Skills，简称为 DfES）在 2003 年发布的《首要战略：卓越和快乐》（The Primary Strategy: Excellence and Enjoyment）也增进了我们的思考。

图式和短期计划

我们在准备中长期计划时会考虑图式，在每周的短期计划中，图式更是起着首要的作用。全体人员都参与制订计划，因此，每个人都了解计划的过程、内容、自己在计划中的角色以及计划在儿童学习中的目的。每周的计划依据中期计划、儿童的反思和员工在前一周内所做的观察和评价而形成。

在这个阶段中，儿童的参与至关重要。在儿童的反思中，每个儿童都可以谈论自己做了什么，分析自己的学习，包括他们没有参与的事情或获得成功的事情。儿童有话语权，并开始思考解决方法，前进的路径。核心团队在每周四反思已做的观察和评价，成人记录儿童的评论。周四这天结束后，在全体员工参加的计划会议上，大家根据这些评价记录制订计划，这些评价记录每周也会公布给儿童父母观看。

计划会议

每次计划会议开始时，我们先决定成人主导的活动及其目标，以确保这些活动涉及学习的各个领域、各个层次以及在一周中均衡地开展方式。教师通过对每个孩子学习方式的深入了解，在活动中进行更细致的区分。

我们将每个活动分配给每位教师，再次确保教师在不同的活动和学习领域为孩子们提供多种表现形式和学习风格。每天，至少有两个成人"伙伴"（机动的支持者）发挥以下重要作用：

- 支持儿童的身心健康、参与和学习；
- 在儿童需要时，协助他们自我服务；
- 在任何需要的场合，鼓励他们参与活动并与他人交往。

孩子们知道"伙伴"会在那里支持他们，帮助他们想办法，而不是强制执行规则。每天，孩子们也都满腔热情地轮流担任这个伙伴角色，学习如何领导他人，也发现了领导需要承担的责任，这是一个很热门的职位。

短期计划包括小组活动及其目标。尽管每个活动的内容可以是任何一个学习领域，但核心小组工作的目标是促进个性、社会性和情感的发展。这些小组中的每个人都很重要，在幼儿园里的所有时间都固定地归属于某一个小组，需要与小组中的成员和专门负责这个小组的成人建立牢固的关系，而且这位成人会撰写他们融入小组的情况报告。在这一阶段，每周外出游览森林也是计划中的活动。

我们每天都关注每名儿童，计划中明确了以看和记的方式在一段时间内对儿童进行观察，并循环观察每一组内的每名儿童，以确保所有儿童在这段时间里都能被观察到；每个成人每天至少要专门观察6名儿童，从而确保观察的广度。有时，我们会因为有些儿童的发展问题而更多地观察他们。如果遗漏了有关某个孩子的重要信息，我们会安排团队成员中的一位教师更多地观察这名儿童。

随着一周活动的开展，我们会对计划进行评价和调整，以便对活动的开展方式或儿童的意见和参与度做出回应。这样就能确保计划得到及时调整，以满足儿童的需要，或者在计划表上做一个标注，提示下一次计划会议的内容。

除了成人主导的活动外，我们也对儿童持续进行的活动进行了规划。我们根据经验设计了最适合拓展幼儿的多种技能，有助于幼儿进行多种尝试的主题。

增加图式

在5周的时间里，我们的计划涵盖了5种图式：连接、搬运、轨迹、旋转和包裹。经过深思熟虑，我们意识到，这5种图式涉及了图式学习的所有可能的视角，并形成了一个很好的学习起点。每星期的活动都在我们设计的大多数主题下进行计划，且重点关注其中的一种图式。第6周，孩子们在反思时间里计划持续进行的活动，这自然而然地就能把5种图式很好地融合在一起。

我们整理了一份图式起主导作用的活动、想法和资源的清单，以推进计划的制订过程，并鼓励教师拓展思路，用图式语言分析活动的性质。

我们努力确保成人主导的活动和儿童持续进行的活动在技能、学习领域和目标之间保持平衡。尽管持续进行的活动地点经常不同，如室内或室外、幼儿园的前面或后面，但活动的主题一般在一周内保持不变，这是为了确保所有的儿童都能获得发展的机会，无论他们的学习倾向、偏爱的学习风格或占主导地位的图式多么不同。成人的参与，尤其是作为伙伴的参与，同样能鼓励孩子们融入活动。

如果可以完全自由地进出室内外，那么，成人主导的活动和儿童持续进行的活动会在室内和室外交替进行。活动在任何地方都可以进行，室内外的活动同等重要。例如：攀岩可以在室内进行，绘画和书写可以在室外进行；由于每个孩子都有防水衣和雨靴，而且能够很快地穿脱，因此到户外活动不受天气限制，即使总是下雨，我们也可以用防水布来保证类似于绘画这样的活动能够正常进行。然而，你很快就会发现，一年到头很少下雨，防水布在夏天更多的是用来遮阳防晒！孩子们已经习惯自由自在、独立地在室内外活动，很少受天气影响，他们不会抱怨天气，而是对天气的变化感到兴奋。最近的一个雨天，一位母亲告诉我们，她的女儿很想和朋友们一起在水坑里嬉戏。

我们发现，计划在任何时候都应该是灵活的且适于调整的。当孩子们表现出不同的兴趣、开始了一个新的活动，或决定进一步扩展已有的兴趣时，我们根据孩子们的投入程度，可能会改变活动、继续活动或完全放弃现有的活动。例如，如果孩子们充分地参与了规划和建造富有想象力的区域，那么他们就会决定做什么以及把该区域建在哪里。当他们建构时，他们参与决策、团队合作和解决问题的整个过程，如制订计划，决定所需材料和搭建方法。

我们每隔六周就对所有的短期计划进行评价，以确保这些计划覆盖了课程的所有领域和阶段。有一些课程内容，如自理，更适合做中期计划，因为它们本质上具有连续性。中期计划显示的是如何实现这些目标、如何安排日常环境使儿童能够实现这些目标，以及成人如何支持这些目标的实现。我们发现了很多将图式与计划结合的好处。这些好处中，有些是我们预期的，有些却不是。

我们期望在中期和短期计划中引入图式后可以：

- 帮助我们更快地识别儿童明显表现出的主导图式，发现它对我们所有的观察产生的影响，从而使我们的观察更聚焦和更有效；
- 提供更有关联性的持续计划，同时它也能很快地对成人主导的活动计划产生影响，使整个计划内容和过程更具连续性和稳定性。事实上，它影响了我们的整体思路和文化氛围；
- 给我们提供一种促进个性化发展的模式，不仅如此，还能很好地融入我们个性化的学习方式中。用图式来分析学习和促进学习，是一个非常有效的、自然的基础，也被证明是支持自闭症儿童的一个非常有用的工具；
- 支持我们的森林学校教育方法，这是我们户外学习理念的核心。

每周聚焦一种图式，有助于确定每个孩子明显表现出的主导图式（如果有的话），即使他们没有特别明显地表现出某种图式，也能够识别他们的学习倾向和兴趣。每周根据不同的图式为孩子制订个性化的计划，不仅突出了孩子的学习倾向，也揭示了他们是否在其他类型的图式游戏中努力着。

> 利昂是一个纯粹的"搬运图式者"，他的双手必须摆弄东西。他对自己手里拿的东西有非常明确的要求，最理想的是一辆蓝色的巴士，但如果不是，任何玩具车也可以。他游戏的重点是将他选择的东西从原来的位置移动到另一个位置。你期望利昂拿着东西一直待在一个地方，那是不可能的。他对自己的搬运物有强烈的占有欲，经常会把它藏起来，以确保没有人能占有它或把它摆到别的地方。如果做不到这一点，他就会心烦意乱。这些观察让我们理解了，为什么利昂很少专注于一项活动，除非活动本身就是搬运活动。观察让我们明白了，为什么他对某些玩具着迷，他会用它们做些什么，以及当没有这些玩具的时候，他为什么会完全不知所措。

基于这些观察,我们为利昂提供的解决方法取得了成功。我们确保他可以得到喜欢的玩具,但在不同的情况和地点,把他的这一兴趣作为一种激励物带入其他活动中。我们对他进行重点干预,满足他的需要,同时也向他介绍新的活动机会。利昂开始表达他的需求,而不是用手打别人(以前,如果别人碰了他喜欢的玩具,他就会打人)。

利昂开始能够倾听别人说话并与他人协商。尽管如此,当他因失去了心爱之物而感到难过时,他仍不能与他人进行语言交流,也不能受他们的安慰,成人需要在这种情况发生之前就与他沟通。但他开始在游戏中与其他孩子交流了。

利昂的部分保护行为表现出"包裹"的成分。然而,在所有这些方面有所发展之后,特别是在他的心理过程有所发展之后,他已经开始显示出成为一个"经验连接者"的优势。例如,他现在可以把在某种情境中所学到的知识应用到别的情境中,并把它们联系起来,以促进学习,扩大兴趣。

每周关注五种已识别的图式中的一种,可以鼓励孩子们去探索那些他们还没有自然获得的图式,由此促进他们探索自己还未出现的图式。观察孩子们活动中的互动,不管他们是否有明显的主导图式出现,都可以帮助我们确认促进他们学习的教育方式。

苏姬来到幼儿园的时候是一个纯粹的"包裹图式者",带着一些与这个图式相关的难题,特别是她需要从家里带东西来,并带着它到处跑,否则,她会变得心烦意乱。而且,她在狭小、封闭、惬意的环境中会感到更加舒适。苏姬的另一种典型的行为是,一旦画完画,她就把画涂黑,这会引起成人的焦虑。苏姬的行为让她的父母很担心,他们会想到更糟糕的解释性说法。现在他们对她的图式有了一些了解,他们可以应对她的行为,甚至积极鼓励她谈论这些,更不会阻止她涂

> 抹、遮盖她的图画。不久，她就不再这样做了。
>
> 苏姬是一个非常内向的"包裹图式者"。她发现自己难以面对大量的人，需要不断地得到安慰。她不喜欢改变，几乎每天使用同样的短语，在幼儿园现行的一日生活流程中有着自己的活动习惯。在开始一项任务之前，她至少要口头重复两次新的概念和想法，以增强她的安全感。

> 苏姬仍然需要安慰，但在他人富有同情心的支持下，她努力地参与了一些没有"包裹图式"的活动。但她仍然会在参与之前反复地谈论它，在参与之后列举她的成功事例。
>
> 逐渐地，苏姬已经能够自由地参加各种活动，尽管她仍然喜欢向成人报告自己的成功，但已无须成人的评论来巩固她的信心。她现在是一个全面发展的孩子，虽然还会表现出明显的包裹图式，但这并没有阻碍她的发展。事实上，苏姬能够主动地发起活动，比如欢迎来幼儿园的参观者，询问他们是谁以及他们来访的理由。她喜欢得到周围所有人的认可。

意外的是，我们越来越发现，我们的教学方法在帮助自闭症儿童方面特别成功。我们已经能够把他们的一些强迫性行为或特殊兴趣与图式游戏联系起来，就如我们为其他孩子所做的那样，我们已经能够鼓励患有自闭症谱系障碍的孩子通过体验不同的学习模式，跳出"他们的盒子"，进入对于他们来说还没有自然发生的图式活动中。

> 尼古拉斯表现出明显的旋转图式和连接图式。在针对包裹图式准备资源和设备的一周内，他没有受到包裹图式的影响，持续地做旋转图式和连接图式游戏，例如，外面有各种各样的管子。他观察了很长一段时间，看着其他孩子穿过管子，但他对此毫无兴趣。有几个孩子

> 在一根管子里,就在这时,尼古拉斯决定(作为一个旋转图式者)滚动管子。这个行为使孩子们咯咯地笑了起来,其他孩子的反应鼓励他继续滚动管子。过了一段时间,他忍不住地进入管子,亲身体验其中的乐趣。这时,先是一个成人滚动着管子,然后其他的孩子继续这一游戏。这种游戏在这周余下的时间里持续进行着。之后,尼古拉斯的兴趣集中在其他类型的图式游戏上,一直持续到今天。

关注图式已被证明是一种有效、准确和有用的诊断工具,有助于我们探寻促进儿童学习的途径。

> 哈迪普在入园时表现出明显的轨迹图式(关注水平运动)。他一直以来的兴趣就是踢球,经常把球踢到幼儿园外面。如果没有球,他就会失落;如果找不到球,他就会漫无目的地跑来跑去。
>
> 我们努力帮助他提高踢球的准度,因为球经常落在邻居的花园中,或者更糟的是落到一条主道上,这对过往的车辆来说是很危险的,而且肯定也无法找回球。
>
> 我们把其他的瞄准游戏与别的图式组合在一起——球和其他物体穿过隧道(包裹),用面团或黏土制作球(旋转)。逐渐地,哈迪普专注于活动的时间长了些,并且更能投入其中。他的兴趣越来越广泛,几个月后,我们意识到他不再需要球了,不过,他的轨迹图式仍然通过攀爬、跳跃和画线表现出来。哈迪普确实在后面的一个阶段重新开始踢球,但不是水平方向地踢球,而是垂直方向地踢球了。球经常落在幼儿园的屋顶上,在丢了几个球后,我们请他解决这个问题。他继续垂直踢球,但没有瞄准屋顶,而是瞄准了幼儿园的一面高高的墙壁,这满足了他的需要,也吸引了许多孩子去尝试。

儿童学习的广度不是偶然发生的,也不是完全依赖成人的想法,它具有一个强大的结构框架,在这个结构框架中,学习得到了支撑和指引,同时也具有灵活性。受到鹰架提供了一个工作框架结构来支持个体的学习,就像搭建建筑物时的脚手架的作用一样,每个阶段都依赖于之前的步骤,同时为实践、反思及与其他的知识和先前的经验建立联系提供了坚实的基础。受到鹰架的学习使学习者和教师都能明确方向、目的和期望,并可以传递能量。它是灵活的,因为在每个阶段,你都可以评价、向前发展、改变方向,满足每个个体的需要,适应他们的兴趣、发展速度和能力,将学习应用到新的情境中。正如布鲁纳所说:

学习就是弄清楚如何使用已知的经验去超越目前的思维。

——杰罗姆·布鲁纳

图式的运用,无疑为我们的短期计划带来了稳定性,也让我们对不同活动和资源中蕴含的图式进行反思;图式的运用使成人更自信地分析每项活动中的图式。图式运用的方式和目的是开发活动,增强、激发图式,或增加其多样化,避免图式受到限制。对我们而言,这些都是为了帮助提高儿童的现有能力去促进他们的学习。

关注图式有助于制订更适宜个体需要的计划,完善个性化学习。它可以让我们和孩子有更高的期望,并对有目的的挑战做出反应。当机会出现时,我们和儿童会讨论并决定儿童的个性化目标。对所有儿童来说,目标不是一成不变的,以"我能……"的形式呈现目标,儿童会因为他们能做什么而获得成就感,而非关注他们不能做什么。他们不会因任何任务或评分而气馁——天高任鸟飞,因为他们知道自己任何建议都会得到认真对待、讨论和探讨。他们已经了解,讨论的一部分是评价想法的现实性和可实现性;他们已经学会弄清楚,我们是否有可以实现他们的想法的资源;最后,他们在探究过程中学会重新审视和修改他们的初始意图，从而得到一个可能与他们最初的想法不同的最终结果，这通常是一个对最初的想法经过改进后的结果。

> 我们（儿童和成人）利用现有资源在户外建造了一个人可以待在里面的挪亚方舟，主要是在一个"A"字形框架上盖上防水帆布，用一些绳子和轮胎做出方舟的形状，用一些装牛奶瓶的板条箱搭建方舟前面部分并支撑驾驶舱，再用一个旗杆和一个木板搭成斜坡。在与孩子们一起反思和做计划期间，一个叫欧内斯特的孩子建议使用方形建筑材料把方舟变成一艘海盗船。教师指出，几乎所有的方形建筑材料已用于孩子们之前在室内搭建的动物医院了，因此欧内斯特建议把动物医院拆掉，建造海盗船。但是，在和教师讨论之后，他明白了这是不可能立即实现的，并接受了这个事实。随后，孩子们同意将动物医院拆除，他们需要再等一个星期，才能有资源开展海盗船项目。

使用图式建构儿童主导的短期计划，有一个意料之外的好处是，这一方法对成人主导计划的方式产生了直接影响。我们已经认识到，关于图式的知识和理解影响了我们计划的所有方面，因为它永久性地改变了我们的思维方式和对儿童学习和活动的反思方式。

后续的研究问题

我们从一连串的问题开始。

- 了解和使用图式能在多大程度上帮助我们继续改进实践，从而促进孩子的学习？

  我们在这样的方式中取得了非常积极的结果，了解和使用图式帮助我们诊断、观察和计划，从而获得积极的效果。与任何教学法的发展和研究一样，对于我们最初问题的回应引发了更多其他的问题。尝试寻找答案的方法令人兴奋。

- 例如，我们经研究发现，似乎大多数（如果不是全部）的旋转图式者都是男孩。我们可以这样概述吗？

我们也发现，大多数的连接图式者同时也是横向思维者。我们想进一步拓展这个问题。这个发现引发了下面的问题。

- 所有的横向思维者都是连接图式者吗？我们已经发现相当多的旋转图式者也是横向思维者。这是怎么回事？

我们还想进一步探索图式和自闭症之间的联系。

- 有关图式行为和自闭症之间可能存在的关系的知识是否有助于支持自闭症患者呢？

我们已经开始研究，重要的成人，尤其是父母或看护者、教师的图式和学习风格对儿童主导图式的形成有多大的影响。根本的问题似乎是：

- 图式是先天就有的，还是有一些可选择或可控制的因素？图式可以习得吗？如果可以，那么我们可以没有图式吗？

尽管我们仍然可以利用观察和经验来指导我们的实践，但其中许多问题需要在比我们幼儿园所能提供的更广的范围中寻找答案。罗斯玛丽·罗伯茨（Rosemary Roberts）总结了我们的感受：

认识并支持儿童图式的发展，有利于培养其高度的自尊。

自尊对儿童的身心健康至关重要，因为它能够促使儿童完全参与学习中。这一章只是我们有幸在日常生活和我们的环境中与孩子们一起学习和游戏获得的一小部分体验。

罗斯玛丽·罗伯茨接着说：

利用我们的图式知识也可以更容易地帮助孩子发展技能。

当然，我们已经亲身体验到了图式知识所发挥的作用。事实上，我们希望提出以下这个前提，图式不仅有益于那些表现出明显的主导图式的儿童，也能够通过提供有意义的、充分的机会，让儿童和成人在积极、信任的气氛中互相学习，并肩而行，从而有助于丰富所有孩子的生活和学习。

每个人都需要被接受、被理解和被重视的感觉，成人对儿童图式的认同和接受，有助于儿童获得这些感受。图式是儿童个体特征的核心，因此认可和适宜地支持图式就是在一个基本的层面上认可和支持孩子。

第 9 章

计划与观察时间表的使用案例

观察

在梅里韦尔幼儿园,我们每天观察 6 名儿童,如下表所示。所有的工作人员都参与观察,并将他们的意见记录在便笺上。这些观察记录被放进核心小组的文件夹,用以制订个性化的学习方案和每周的短期计划。它们也是教职员工们讨论的重点。

观察:核心团队
g:绿色组
o:橘色组
y:黄色组

	星期一	星期二	星期三	星期四	星期五
上午	g:安朱 o:布拉希姆 y:伊格纳奥	迈克尔 萨莎 萨西亚	查利 马克斯 埃米尔	本杰明 亚当 埃拉	塔拉 迈尔斯 黛西
下午	g:昂里 o:娜塔莎 y:萨姆梅亚	埃薇 鲍 夏亚	凯莉 李 莫汉梅德	丹尼尔 伊萨夫 佐薇	詹姆斯 罗海特 索菲娅

梅里韦尔幼儿园使用的计划与观察时间表

仙女和小精灵　本周起始于 2008 年 6 月 2 日（周计划）

	利奥妮/保罗 星期一	杰玛/克里 星期二	杰玛/利奥妮 星期三	莉兹/保罗 星期四	奥菲西特 星期五
个性/社会性/情感		故事：睡美人（K） 1e：对活动和事件有积极的态度		孩子自己的书：利奥妮（成人主导） 6e：在他们不同的生活经验之间建立联系	比斯顿（成人主导） 3e：灵活地应对不同的事件、社交场合和日程变化，调整自己的行为
交流/倾听/书写	推介，主题（成人主导） • 仙女或小精灵的故事 • 看《小飞侠》（Peter Pan） • 仙女的特点 • 画仙女——杰玛	2e：说出自己的观点，解释所发生的和预期将要发生的事	拼写（列出要拼写的单词和东西）（成人主导） 在自己画的画上写字 星期一——克里	5g：使用不同形式，如列表、故事和说明书，尝试进行不同目的的写作	
问题解决/数学推理	仙女录像片（K） 2c：学习分类				搭建洞穴和仙女小屋（成人主导） 3e：通过持续的建构活动或谈论形状及排列表现出对形状的兴趣
对世界的认识和理解	种植（成人主导） 克里 1e：对事情发生的原因表现出好奇	种植（成人主导） 利奥妮 1f：表现出对变化的认知	种植（成人主导） 保罗 5e：表现出对周围环境的兴趣	种植（成人主导） 杰玛/费伊	游泳（绿色组先进行）（成人主导） 1e：描述和讨论自己的所见 克里和萨姆
身体发展和创造性	下一周想象区用方形积木建造什么？ 1f：表达和交流他们的观点、思考和感受 3f：操作材料以达到计划的结果 制作魔法翅膀和魔杖（帽子？）：保罗（成人主导）				水彩 2d：开始结合运动、材料、媒介和标记

注：数字代表 EYFS 的目标。

将图式游戏与早期教育目标结合

图式	本周始于……		本周始于……		本周始于……	
	搬运		连接		包裹	
游戏和猜谜	在游戏中使用数字名字	跳房子游戏			想办法解决问题	游戏和拼图
数字和计算	通过数数发现两组的总数	商店游戏				
形状、空间和测量			涉及手眼协调的活动	穿珠子		
小建构物	表现出性格和偏好			金属结构装配玩具	进行大/小规模的创造活动	弹珠跑道
大建构物	用语言分享作品	轮胎和纸箱			开始使用更复杂的句子	建造小屋
玩偶世界	表现出性格和偏好	火车轨道	开始用玩具进行假装游戏	快乐的小镇	与同伴互动、轮流	娃娃家
角色游戏					探索移动的方式	帐篷和隧道
想象游戏				城堡或火箭	学习新技能时能持之以恒	城堡
建构者的托盘				乐高/得宝		
探索	对事情发生的原因感兴趣	河里的牛	表现出好奇和感兴趣	木薯、蛙卵		
调查			询问事情发生的原因	滑轮	使用简单的工具和技术	盒子
信息和通信技术	对信息和通信技术感兴趣	光盘存储器			保持倾听	录音带中的故事
声音和音乐			探索乐器的声音	制作乐器	学习新技能时能持之以恒	
拼读						
阅读		有主题的书	有主题的书	有主题的书	有主题的书	有主题的书
工作坊	区分他们做的标记	书写	创作三维结构	用盒子造型	使用简单的工具和技术	用盒、胶带做容器
纺织物						
视觉艺术	探索和命名颜色	水彩和吸管	与人分享经验	纹理印花	持续感兴趣并参与	蜡画
图表						

续表

图式	本周始于…… 搬运		本周始于…… 连接		本周始于…… 包裹	
可变形的	探究可塑材料	玉米淀粉		切割果冻或草	自我意识和自豪感	隧道
沙	假装游戏	玩具卡车			用语言表达自己的想象和创造	清洗东西
水	使用词语或手势	水道	展示出高水平的参与	有台阶的梯子、排水沟、管子		
大肌肉运动技能	肢体运动	圆环				
精细运动技能			通过拍打等探索材料	粉红色面团	区分标记和运动	书写桌、投寄箱
其他	与他人分享经验	大玩具汽车	通过拍打等探索材料			

第10章
与其他教育者和机构合作

随着婴幼儿的成长和发展，以及家庭或文化环境的改变，他们的成长环境总是处于转变或变化之中。当6周大时，对于一个婴儿来说，可能意味着要开始上日托中心了，而对另一个婴儿来说，则可能是要与祖父母或保姆待在一起了。可是对于到了4岁的儿童来说，他们可能就要进入学前班[1]了，即使他们没有在家之外接受保育的经历。这些转变既可能顺利过渡，也可能给孩子带来心理创伤。顺利过渡的一个因素是，我们能够有效地掌握有关孩子的有意义的信息，利用这些信息共同讨论儿童个体的情况是必不可少的，但这些讨论过程中的对话应该有笔记、照片、逸事和其他信息的支持，以确保对话基于事实。

蒂娜·布鲁斯的这句话清楚地提醒了我们，持续记录，并与照顾孩子的其他人分享这些记录的重要性：

> 为识别图式，确定它的发展水平，以及发现孩子如何利用环境和做出回应所进行的记录，有助于补充有关孩子发展情况的细节。如果

---

[1] 相当于我国的幼儿园中班。——译者注

你不知道迷失在树林里的人在哪里，就不可能救出他们。

——蒂娜·布鲁斯

教师有责任向同事传达有关儿童图式的信息，以及他们的睡眠习惯、饮食偏好、朋友、担忧和关注的事情。记录应确保，无论儿童什么时候去到哪里，他的看护者都能获得有益于支持他的兴趣和需要的必要信息。如果对儿童当前图式的认识能够持续地为儿童的发展提供支持，那么儿童的进步、收获和技能都将得以增进。

有时，教师在新环境下没有观察图式的意识或习惯，在这种情况下，一次简短的会议或用儿童游戏的照片或视频做一个情况介绍，则可能是机构之间进行有效对话的开始。这样的介绍可以成为工作中持续存在的一部分，被纳入年度方案，并以机构具体工作环境和教师的工作为基础，持续地在计划和记录中分享。这常常是探索和扩展良好的教育实践的有效方法。

教师把孩子的兴趣、动机、当前的图式等信息传递给其他同事的方式很重要，而且应该让父母和孩子共同参与其中。《继续学习之旅》(Continuing the Learning Journey，DfES，2005)讨论了家园合作在幼小衔接阶段的重要性，描述如下：

信息是双向流动的，儿童在学校中受到的教育能够在家庭中得到强化，反之亦然。

——《继续学习之旅》

与父母合作

在克里斯·阿西、蒂娜·布鲁斯、凯茜·纳特布朗和早期教育伙伴关系研究项目所开展的研究中，父母都是研究的参与者，他们通过观察来评价孩子在家中的图式行为。

位于英国科比的佩恩格林儿童中心通过培训和鼓励家长用拍照、记日记、录音和录制视频来记录孩子在家里的游戏情况，并将这些与教师对孩子在园的学习情况的观察结合，从而引领和推动了这种促进方式。佩恩格林儿童中心的工作人员重视父母对孩子的学习所做出的努力，并认识到，如果要为孩子提供具有支持性、激励性和挑战性的课程，教师就需要了解有关孩子在幼儿园之外的兴趣的信息。幼儿园通过为父母提供照相机来让他们做这项重要的家园合作工作。

父母和教师开始将自己视为合作教育者，共同开发适宜的课程，从而满足每个孩子的认知情感需求。

——玛吉·惠利（Margy Whalley）

佩恩格林的反馈流程源于家园合作，由此，每个孩子生活中所有重要的人都联系在一起了，幼儿园和父母对孩子当前的兴趣和动机，以及他们在家庭、托儿所或幼儿园里学习了什么、如何学习都能给予反馈信息。

在"父母参与孩子的学习"项目里，佩恩格林儿童中心现任负责人凯思·阿诺德（Cath Arnold）介绍了一些与父母分享对孩子的观察及看法的非常好的方式，并指出与家长分享图式语言是帮助他们理解《儿童早期基础阶段》及其内容的一个重要步骤，特别是在讨论儿童的学习和发展方面。与父母讨论孩子重复的游戏模式，可以鼓励他们分享详细的、个体化的信息以及他们有关孩子学习的发现。

一种与父母分享孩子的信息的非常生动和直接的方式是使用照片。

——凯思·阿诺德

凯思·阿诺德建议，如果教师给孩子和他们的图式行为拍照，那么对那些可能不易与孩子建立关系或为孩子提供支持的父母来说，视觉辅助工具能够帮助他们更深入地理解孩子的学习。这种方式不仅引发了父母和教师之间的对话，也营造了双方相互尊重的氛围。随着关系的发展，父母将会更好地洞察孩子在家里和幼儿园里的游戏和探索活动。应该鼓励教师向父母敞开心扉，询问父母有关孩子的兴趣等一系列信息，为建立真正的家园合作关系奠定坚实的基础。

图式工作坊是帮助父母了解孩子的行为和学习的本质的另一种方式。这些工作坊可以让父母理解图式和主动学习的重要性，以及如何在家里支持和扩展孩子的游戏。观察儿童在行动中的图式照片和案例是促进父母理解的关键。

父母和专业工作者既可以分别帮助孩子，也可以携手合作，促进孩子获得更有益的发展。

——克里斯·阿西

教育者需要从识别儿童的行为模式，转向向家长解释如何利用这些图式知识来为儿童的学习制订计划和提供支持。

——凯茜·纳特布朗

父母和教师在婴幼儿的生活和学习中具有极大的影响，但婴幼儿的价值观、文化和信仰大部分来自他们的父母。教师需要面对两个群体——儿童是主要的群体，父母是次要的群体，脱离父母的合作，教师不可能独立、有效地开展幼儿教育工作。教师需要认识到，父母是孩子的学习伙伴，应参与孩子的学习过程，因此要帮助父母重视自己在孩子未来的人生中所打下的烙印。

参 考 文 献

Arnold, C. (2003) *Child Development and Learning 0-5: Observing Harry*; Open University Press, Maidenhead.

Arnold, C. *Child Development and Learning 2-5 Years*; Georgias Story. Paul Chapman.

Athey, C. (1990) *Extending Thoughts in Young Children*; Paul Chapman Bayley, Ros and Featherstone Sally. (2006) *Foundations for Independence*; Featherstone Education.

Bayley, Ros and Featherstone, Sally. (2003) *Smooth Transitions*; Featherstone Education.

Brainerd Charles. (1978) *Piagets Theory of Intelligence;* Prentice-Hall Bruce, Tina. (1996) *Helping Young Children to Play*; Hodder & Stoughton.

Bruce, T. (2001) *Learning Through Play: Babies, Toddlers and the Foundation Years*; Hodder & Stoughton.

Bruce, T. (1991) *Time to Play in Early Childhood Eduation*; Hodder & Stoughton, London.

Bruce, T. (1987) *Early Childhood Education*; Hodder & Stoughton.

Bruce Tina and Meggitt Carolyn. (2002) *Child Care & Education*; Hodder & Stoughton.

Bruner; Jerome. (1967) *Towards a Theory of Instruction*; Harvard University.

Bruner, J. (1986) *Actual Minds, Possible Worlds*; Harvard University

Press.

Davis, Mollie. (1995) *Helping Children to Learn Through a Movement Perspective*; Hodder & Stoughton.

Davis, Mollie. (2003) *Movement and Dance in Early Childhood*; Paul Chapman.

DfES/QCA. (2000) *Curriculum Guidance for the Foundation Stage*; QCA.

DfES/Surestart. (2003) *Birth to Three Matters: A Framework to Support Children in the Earliest Years*; SureStart/DfES.

DfES. (2005) *Continuing the Learning Journey*; DfES.

DfES. (2006) *Early Years Foundation Stage Consultation*; DfES.

DfES. (2007/2008) *Early Years Foundation Stage*; DfES.

Drummond, Mary Jane. (1993) *Assessing Children's Learning*; David Fulton.

Duffy, Bernadette. (1998) *Supporting Creativity and Imagination in the Early Years*; Open University Press.

Evangelou, M. and Sylva, K. (2003) *PEEP The Effects of the Early Education Partnership on Childrens' Developmental Progress*, Research Report.

Fisher, E. (ed) (1984) *Language Development*; Croom Helm /Open University.

Gopnik, A. Meltzoff, A. and Kuhl, P. (1999) *How Babies Think*; Phoenix.

Gura, P. and Bruce, T. (1992) *Exploring Learning, Young Children and Blockplay*; Hodder & Stoughton.

Gross, Richard. (2005) *Psychology: The Science of Mind and Behaviour*; Hodder & Stoughton.

Holland, Penny. (2003) *We Don't Play with Guns Here; War, Weapons and Superhero Play in the Early Years*; Open University Press.

Hutchin, Vicky. (2003) *Observing and Assessing for the Foundation Stage Profile*; Hodder Murray.

Johnston, Jane. (2005) *Early Explorations in Science: Exploring Primary Science and Technology Education*; Open University Press.

Kilton, Neil. (1994) *The Excellence of Play*; Open University Press.

Leach, Penelope. (1997) *Baby & Child: From Birth to Age Five*; Penguin.

Lindon, Jennie. (2001) *Understanding Children's Play*; Nelson Thornes.

Manning-Morton, J. and Thorp, M. (2001) *Key Times for Developing High Quality Provision for Children Under Three Years Old*; Camden Early Years Under Three Development Group.

Manning-Morton, J. and Thorp, M. (2003) *Key Times for Play: The First Three Years*; Open University Press.

Matthews, John. (2003) *Drawing and Painting: Children and Visual Representation*; Paul Chapman.

Meade, Anne with Cubey, Pam. (1995) *Thinking Children*; New Zealand Council for Educational Research.

Meade, Anne. *One Hundred Billion Neurons: How do they become organised?*; Advances in Applied Early Childhood Education. Vol. 1. Promoting Evidence-based Practice in Early Childhood Education.

Minett, Pamela. (1985) *Child Care & Development*; John Murray.

Murray, Lynne and Andrews, Liz. (2000) *The Social Baby, Understanding Babies' Communication from Birth*; The Children's Project.

Nutbrown, C. (1999) *Threads of Thinking: Young Children Learning *and the Role of Early Education*; Paul Chapman.

Ouvry, Marjorie. (2005) *Exercising Muscles and Minds: Outdoor Play and the Early Years Curriculum*; National Children's Bureau.

Papert, Seymour. (1980) *Mind Storms: Children, Computers, and Powerful ideas*; Harvester Press, in Early Childhood Education; Hodder Arnold.

Piaget, J. (1962) *Play, Dreams and Imitations in Childhood*; Routledge & Kegan Paul.

Piaget J. (1980) *Adaptation and Intelligence*; University of Chicago Press.

Post J and Hohmann M. (2000) *Tender Care and Early Learning, Supporting Families and Toddlers in Childcare Settings*; High/Scope Press.

Rodd; Jillian. (1994) *Leadership in Early Years*; Pathway to Professionalism; Open University Press.

Roberts, Rosemary. (2006) *Self-Esteem and Early Learning*; Key People from Birth to School; Paul Chapman.

Selleck, Dorothy and Griffin, S. (2006) *Quality for the Under Threes in Contemporary Issues in the Early Years*; Sage.

Sheridan, M. (1975) *Childrens Developmental Progress from Birth to Five Years*; NFER.

Shore, R. (1997) *Rethinking the Brain, New Insights into Early Development*; Families and Work Institute.

Siraj-Blatchford, Iram. and Sylva, Kathy (2002) *Researching Effective Pedagogy in Early Years*; DfES.

Tassoni, Penny, and Tucker, Karen. (2000) *Planning Play and the Early Years*; Heinemann Educational.

Vygotsky, L. (1978) *Minds in Society*; Harvard University Press.

Vygotsky, L. (1986) *Thought and Language*; MIT Press.

Weikart, D. (2001) *Early Childhood Education: Need and Opportunity*; Unesco Publishing.

Whalley, Margy. (1994) *Learning to be Strong, Setting up a Neighbourhood Service for Under-Fives and Their Families*; Hodder & Stoughton.

Whalley, Margy. and the Pen Green Team. (2001) *Involving Parents in their Children's Learning*; Paul Chapman/Sage.

Whitehead, Marion. (2002) *Developing Language and Literacy with Young Children*; Paul Chapman.